U0557768

大学英语课堂教学与促学评价研究

李秀娟 ◎著

图书在版编目(CIP)数据

大学英语课堂教学与促学评价研究 / 李秀娟著.
北京 : 中国书籍出版社, 2024. 12. -- ISBN 978-7
-5241-0210-6

Ⅰ. H319.3

中国国家版本馆CIP数据核字第2025XP6059号

大学英语课堂教学与促学评价研究

李秀娟　著

从书策划　谭　鹏　武　斌
责任编辑　吴化强
责任印制　孙马飞　马　芝
封面设计　守正文化
出版发行　中国书籍出版社
地　　址　北京市丰台区三路居路97号(邮编：100073)
电　　话　(010)52257143(总编室)　(010)52257140(发行部)
电子邮箱　eo@chinabp.com.cn
经　　销　全国新华书店
印　　厂　三河市德贤弘印务有限公司
开　　本　710毫米×1000毫米　1/16
字　　数　214千字
印　　张　13.5
版　　次　2025年5月第1版
印　　次　2025年5月第1次印刷
书　　号　ISBN 978-7-5241-0210-6
定　　价　95.00元

目　录

第一章

大学英语课堂教学与促学评价理论概述

在新形势下，大学英语教学面临各种发展机遇与挑战，只有充分地把握机遇，才能迎合社会发展的趋势，培养出符合社会发展需求的高质量外语人才。同时，学生应对大学英语教学有一个正确的认知，熟悉其基本要素，并结合时代发展要求进行全方位发展。本章重点对大学英语教学进行概述，包括大学英语教学的内涵、原则、内容、理论依据，并分析促学评价的相关内涵，以期为后面章节内容的展开作铺垫。

第一节　大学英语教学的内涵

一、教学的内涵

教是教师的行为和动作。教的意义一般指“讲授”“教授”“传授”等，当然还可以指代教学。前者指的是古老的教授，后者是将教作为一门职业对待。在英语中，常用teach来指代教，有的时候还用instruct，因为instructor是教师的一种角色，而且有些学者认为这才是主要角色。

就教的内容而言，可以包含知识、课程等。就教的主观性来说，可以是有意识地教，如“Professor Widdowson teaches us Discourse Analysis.”也可以是无意识地教，如“The incident taught him a lot about the nature of the superpower.”这种研究深受第二语言习得理论的影响。

21世纪是信息化、全球化的时代，为迎接新世纪的挑战，我国大学英语教学经过多次调整，已恢复了重要地位。在大学英语教学研究和实践中出现了一些新的理念，当今的大学英语教学呈现了以下几个新的特点。①

首先，当今的大学英语教学以创新作为教学理念。

其次，大学英语教学更加注重培养学生的跨文化意识。

最后，大学英语教学注重与互联网相结合。

---

① 段建敏.英语教学实践与反思[M].太原：山西人民出版社，2009：2.

二、大学英语课堂教学的构成

（一）教学内容

对于大学英语课堂教学来说，教学内容是它的构成要素之一，如果教学内容不存在，那么课堂教学也不会存在。受时间、地点、班级、教师、学生及目标等各种因素的影响，课堂教学内容会有所差别。短期来看，课堂的教学进度、教学效果和学习效果都会受到课堂教学内容的影响；长远来看，想要学生达到从中介语到目标语的明显进步，对于课堂教学内容的安排就要科学合理。

本堂课的上课内容应该在课前就做好决定。一种十分错误的观念是很多教师认为只需按照教科书的固有顺序授课就行了，这是十分盲目的行为。原因有两个：站在整体的角度上，某一本教科书的教学顺序是根据大纲的要求、教学原则和目标以及特定教学对象所编排的，这可能只适用于某一特定阶段，对于其他不同地区、学校和班级的学生，就可能会发生不适用的情况；站在局部的角度上，课堂的教学内容应与此堂课的教学目的及教学任务相结合，因此每堂课都应以此为依据作出一定的修改与调整，进行一些增减或顺序调整等。

在传统的大学英语课堂中，教师的教学只是根据教科书的固有顺序，对前后顺序进行调整，这就已经算是变革了。教师与学生的关系就像两个齿轮之间的关系一样，依靠特定轨道持续向前行进，但问题在于教师与学生并不是没有自主权及自我意识的齿轮。对于传统课堂来说，没有自主权就是它最大的弊病之一，教师尚且不能依据需要去选择教学内容，学生就更不可能实现了。经研究表明，课堂教学发展顺利与否与教师和学生是否对教学内容有自主选择权息息相关。当然，大学英语作为基础教育的内容之一，其教学范围和内容都由学生决定也不是一个理智的做法。上述观点只是希望能够适当增加师生在教学内容方面的自主选择权。那么，对于教学内容的范围应该怎样划分呢？

所有人类文明的成果，包括各种精神文明与物质文明，都可以作为教学内容。教师在编排课堂教学内容的同时，把所有在学生语言能力范围内的内容集中到一起，这样既方便了学生的语言学习，也能最大可能地让学生学到更多的知识。

教学内容还可以从语义系统、语言学系统、语用系统三个方面反映出来，教师在进行教学活动内容的安排时，要充分利用好这三个系统，以便进一步提高学生的语言水平以及形象思维能力，还能扩宽学生的逻辑思维与创造性思维。

教师可根据教学内容中的重点内容，合理安排学生的活动内容。要想提高语言能力，离不开语言的实践，如何科学地将课本题材、语用特点以及语法要求三者进行结合，还能编排好既合理且适合学生，又可以提高学生技能水平的活动，是所有教师都应该探讨的问题。决定学生的课堂活动是否有效的因素就是课程内容的安排，并且也是课堂教学内容的一个方向。教师根据相同的材料、结构以及语法提供不同的活动内容是最能反映出问题的。随着时代的不断进步，教学的理念以及技巧也在发生着变化，英语教师也逐渐开始尝试以前不太熟悉的活动方式，如对话形式、小组讨论、角色扮演、趣味游戏等。因此，为对话设计的剧情、为小组讨论规定的主题、为角色扮演设置的中心思想等，都应是教师必须考虑到的内容。如果长时间忽略学生对内容表达的训练，将直接影响学生的英语思维能力、信息接受能力以及表达能力。总而言之，课堂的教学内容不能局限于课本上的文章、词组以及语法等方面，还要制定一些新颖的方式，对课堂中所表达的内容提出相应要求，并进行详细且有计划的训练。

（二）教材

教材是课堂教学的重要组成因子，虽然教材是固定的，但学生是不断变化的，因此任何教材的编写都会受编者水平和资料的限制，导致很多教材不可避免地存在某些不足之处。如果教师一味地以完成教学任务为目的而忽略学生的反应，按部就班地使用教材，恐怕很难起到促进学习的作用。因此，在教学过程中，教师应灵活处理不同的教材，在课上或课下询问学生的感受，及时调整教学的方法和进度。一般来说，教师在教学过程中通常会遇到以下与教材相关问题。

（1）教材的难度偏大。部分学生对教材理解困难，此时教师应放慢教学的进度，添加一些与文章内容相近但难度较小的内容。因为教材内容会影响教师的教育思想、教学手段、授课模式和授课内容。而优质英语教材应该同时具备时代性、国际化、趣味性、启发性以及实践性等特征，符合并能满足学生的认知规律。因此，在大学英语教学中应该精选合适的教材。

（2）教材语言材料过于简单。绝大多数学生已经熟记于心，虽然课堂活跃、学生交谈的兴致很高，但也只是操练旧的语言知识和技能，不利于新知识的吸收和语言能力的发展。遇到这种情况时，教师应注意为学生添加一些具有挑战性的语言材料，使用一些略高于现有水平的词汇句子及课文，在便于学生理解的同时富有一定的挑战性，从而激发学生的学习兴趣并增强他们学习的动力。

（3）教材形式过于死板，趣味性不强。此时教师应注意增添一些符合学生心理特征的内容，以增强课文的趣味性。

（4）教材没有按照先易后难、先浅显后深入的原则编排。此时教师可以以整本教材为依据，调整教材中文章的先后顺序。

（三）教师

教师作为课堂教学的主要组成因素，不仅要掌握整个课堂的进展，还要对学生做出恰当的、适时的指导。只有具备基本的专业素养和良好的职业素养，才能够成为一名优秀的英语教师。从教学角度上来说，如果教师的发音欠缺，可以通过多媒体、视频及音频等形式进行相应教学，以保证学生学习的是正确的发音。并且，教师在解说单词、课文和语句的过程中应该富有激情及活力，无聊沉闷的课堂很难激发学生学习的积极性，这样的教师也很难被学生喜欢。因此，教师应该用热情饱满的精神面貌激发学生的热情，增加与学生的情感和思想交流，从而缓解课堂的沉闷气氛。

教师和学生主要是在课堂上进行交流，从而控制学生的情感因素，促使学生获得语言输入。学生获得易接受的语言输入的主要来源就是在英语教学过程中教师的课堂语言。学生语言学习的效果也会受到教师课堂语言的直接影响。如果授课教师幽默风趣，那么学生会在更轻松的氛围里学习，这样的氛围有利于提高学生的注意力和积极性，学生的反应也会反馈给教师，从而反过来激发教师更强烈的教学热情。

（四）教学方法

教学方法是指师生为了完成教学任务而采取的教与学互相作用的方式的总称，是实现教学任务的必要条件，是提高教学质量和教学效率的重要保证。现代教学方法强调启发式教学，反对注入式教学，提倡既承认学生是教育的对象，也承认学生是认识的主体，强调教师的主导作用和学生的积极性、主动性相统一。现代教学方法的运用原则是指在选择和运用教学方法时，应遵循的一些基本指导思想。以下是现代教学方法的运用原则。

1. 启发性原则

教学方法应该具有启发性，能够引导学生主动思考、发现和解决问题。这种教学方法强调学生的主体地位，发挥学生的主体作用，调动学生的积极性和主动性，培养学生的创新思维和解决问题的能力。

在启发式教学中，教师会通过问题引导、探究式学习、案例分析等方式来引导学生主动思考和学习。教师会设置具有启发性的问题或情境，激发学生的思维和好奇心，引导学生主动探究和解决问题。同时，教师也会给予学生充分思考的时间和空间，鼓励学生提出自己的想法和见解，引导学生深入思考和探究。

2. 直观性原则

教学方法应具有直观性，能够帮助学生更好地理解和掌握知识。教师应根据教学内容和学生的实际情况，选择合适的、直观的教学手段，如实物展示、图片演示、实验操作等，以增强学生的感知和理解能力。

3. 循序渐进原则

教学方法应遵循循序渐进的原则，即应根据学生的认知规律和学科特点，逐步引导学生掌握知识和技能。教师应注重基础知识的掌握和基本技能的培养，避免急于求成和拔苗助长。

4. 巩固性原则

教学方法应注重巩固性，帮助学生巩固所学知识和技能。教师应根据学生的实际情况和学科特点，采取多种形式的复习和巩固措施，如课堂提问、练习设计、单元测试等，以加深学生对知识的理解和记忆。

5. 反馈性原则

教学方法应注重反馈性，及时给予学生反馈和评价。教师应根据学生的实际情况和教学目标，采取多种形式的反馈和评价措施，如课堂表现、作业批改、考试成绩等，以了解学生的学习情况，并及时调整教学方法和策略。

6. 因材施教原则

教学方法应因材施教，根据学生的个性差异和需求特点，选择合适的教学方法和内容。教师应尊重学生的个性差异，注重学生的个性化需求和发展，为每名学生提供适合自己的教学方案。

总之，在实际教学中，教师应根据具体情况选择合适的教学方法，并灵活运用这些原则，以提高教学效果和质量。

第二节　大学英语教学的原则与内容

一、大学英语教学的原则

（一）间接经验与直接经验相统一原则

间接经验指的是通过学习他人的认识成果来获取知识。这主要指的是人类历史经验的积累和传承，通过书籍、教材、多媒体等媒介进行传递。间接经验的学习可以帮助学生快速掌握人类长期积累的基本文化知识和技能，以提高认知效率，避免重复前人的错误。

直接经验则指学生通过亲身参与实践活动，直接获取感性认识。这种经验通常是在实际操作、实验、观察、调查等活动中获得的。直接经验的学习可以帮助学生将所学知识应用到实际情境中，以增强实践能力和创新能力，同时也可以激发学生的学习兴趣和主动性。

在大学英语教学过程中，间接经验和直接经验是相互联系、相互促进的。教师需要将间接经验和直接经验相结合，既要注重系统知识的传授，也要注重学生实践操作和感性认识的培养。这样才能帮助学生全面发展，从而提高英语教学的质量和效果。

（二）掌握知识与发展智力相统一原则

知识是人类长时间积累和总结出来的，是对于客观世界规律和人类经验的总结。通过学习知识，人们可以快速地获取前人的经验和智慧，掌握基本的文化知识和技能。

智力是一种心理特征，是人类认识世界和解决问题的关键能力。在英语教学过程中，学生掌握知识和发展智力是有机统一的。一方面，学生需要学习大量知识，掌握基本概念、原理和技能，这是进一步发展智力的基础。另一方面，通过发展智力，学生可以更好地理解和应用所学英语知识，促进英语知识的掌握和应用。因此，在英语教学过程中，教师需要注重英语知识传授和智力发展的统一，帮助学生既能掌握基本的英语知识和技能，又能发展智力，实现素质全面发展。

（三）掌握知识与提升思想品德相统一原则

在掌握知识与发展能力的过程中，学生不仅需要学习基本的知识和技能，还需要培养自己的思想觉悟和道德品质。这些品质包括爱国主义、集体主义、社会责任感、职业道德等，都是学生成为未来社会有用之才所必须具备的。同时，在英语教学活动中，教师也需要注重引导学生形成正确的意识形态、文化观念和伦理道德。教师可以通过自己的言行举止、教学材料、教学方法等，向学生传递正确的价值观和文化观念。这样不仅可以帮助学生更好地掌握英语知识，还可以提高他们的思想觉悟和道德水平。

（四）教师主导作用与学生主体作用相统一原则

首先，教师作为英语教学过程的设计者、实施者和引导者，具有非常关键的作用。教师需要根据英语教学内容、学生特点和学习目标，制订合理的教学计划，选择适当的教学方法，组织并引导学生的学习活动。同时，教师还需要关注学生的学习进程，及时调整教学策略，解决学生在学习过程中遇到的问题，激发学生的积极性和主动性。

其次，学生是英语教学过程的主体，具有主观能动性。学生是英语知识的接受者、建构者和创造者。学生在英语教学过程设计中扮演着重要角色，他们的学习态度、方法和效果直接影响到教学质量。因此，学生需要积极参与英语教学过程，发挥自己的主动性、创造性和实践能力，与教师共同完成教学任务。

（五）智力因素与非智力因素相统一原则

英语教学活动既需要师生智力的参与，也需要非智力性情感和动机的参与。学生需要在智力因素如观察、记忆、思维和想象等充分发挥的基础上，借助非智力因素如兴趣、动机等来调节自己的英语学习和认知过程。只有在智力因素和非智力因素相统一的前提下，才能顺利开展教学过程。

二、大学英语教学的内容

（一）教授语言技能

大学生在学习英语的过程中，掌握语言知识是基础，同时还要在语言知识的基础上掌握更多的语言技能，包括听、说、读、写、译。其中，听力技能的掌握可以帮助学生识别、分析、理解话语含义，提升自身的听力能力。口语技能的掌握主要是为了提升学生自身的语言输出能力，以及表达思想的能力。阅读技能主要在于培养学生自身的辨认、理解语言知识内容的能力。写作技能是让大学生可以利用书面表达来输出自己的思想，表达自己的看法。翻译技能则是学生英语综合运用能力的一种体现，不仅涉及语言知识的输入，而且涉及语言知识的输出。

听、说、读、写、译是大学生综合运用能力的基础，通过这五项技能的训练，可以保证学生在具体的实践中做到得心应手。

（二）教授语言知识

众所周知，想要掌握一门语言，必须熟悉这门语言的语音、语法、词汇、语篇、句法、功能等知识，这对于英语学习而言同样也不例外。大学生掌握英语这门语言的前提就是学习这些知识，将这些基础知识牢牢把握好，并在此基础上提升自身的语言综合运用能力。英语与汉语是两种存在鲜明差异的语言，中国学生必须形成英语思维，并利用英语思维学习英语，如此才能取得事半功倍的效果。

（三）教授文化知识

语言与文化密不可分，学习一门语言，必然离不开对该门语言背后的文化的学习。一旦语言教学离开了文化教学的底蕴，那么这种语言教学也就不再具有思想性和人文性的特点了。所以，教师在教授学生学习英语的过程中，一定要引导学生了解语言背后的文化知识，如英语所在国家的地理、人文、习俗、生活、社会、风土、人情等。

在具体的教学中，教师有两点需要引起注意。首先，教师讲授文化知识时需要依据学生的心理发展以及认知能力，在此基础上循序渐进地导入文化知识，逐步培养大学生的文化素养，拓宽他们的眼界。其次，教师引入西方文化知识时要有选择性，不能盲目引入，避免学生形成崇洋媚外的心理。

第三节 大学英语教学的理论依据

一、多元智能理论

（一）多元智能理论及其评价理念梳理

美国教育心理学家霍华德·加德纳是多元智能理论的提出者。1983 年，加德纳教授作为“人的智力潜能及其开发”研究项目中创造力研究的领导者，通过广泛的心理学研究，提出了一种多元理论思想。该思想旨在了解不同认识类型和能力，对于独立个体的认知方式和对世界的理解，证明了人类的思维和认知方式是多样化的。因此，他在同年编写的《智能的结构》中正式提出了多元智能理论。多元智能理论的提出彻底颠覆了传统智力观念，给教育和心理学领域带来了新的思考和探索。在此之后他又分别于1999年、2006年编写了《智力的重构》和《多元智能新视野》两本著作，对多元智能理论进行了更为详细的解读。目前，加德纳教授对智能的最新定义为：“智能是一种信息运算能力，是处理某种类型信息的能力，是源自人类生物学和人类心理学的能力。”[①]起初，他认为人的智能包括语言、数理逻辑等 7 种智能。后期随着加德纳教授对多元智能理论进行更深入的研究后，又在《智力的重构》中补充了自然观察和存在智能。对于存在智能，因它只满足8个判

① Howard Gardner. *Multiple Intelligences*: *New Horizons*[M]. New York: Basic Books, 2006: 5.

据中的7个判据，因此被称为半个智能。[①]

加德纳主张评价是一个持续发展的过程，既要注重发掘每名学生的优势智能，也要承认个别差异、倡导真实客观的评价方式。多元智能评价理念具有评价内容、评价主体和评价方式多元化等特点。在对学生进行评价时，应将学生评价与教学相融合，使学生评价置于特定的情境中，通过各种方法和手段，考核学生多种智能的发展情况。教师在教学过程中应对学生的优势和弱势智能进行全方位的观察、评估和分析，以“为多元能力而评”的理念对学生进行多元评价。

（二）智能的具体含义和关系

1. 语言智能

语言智能是“对语言文字的理解、掌握和运用能力”[②]。“个体的语言智能与语言学习能力、运用语言实现目标能力以及对口头或书面语言的敏感程度密切相关，对有效的交流和表达思想至关重要。”[③]对普通人而言，语言智能的主要作用包括：解释和说明事物、表达和劝说观点、帮助记忆和理解以及自我辩解和解释。

2. 数理逻辑智能

数理逻辑智能是“具备进行数学、逻辑推理以及科学分析问题的能力”[④]。自幼年开始，此智能就不断发展。从幼年时对某些事物临时记忆的联结，到少年后对少数事物的简单估计、对数量关系含义的简单了解，再到青年后可以通过观察事物的本质来进行更深入的计算和领悟等，都体现了数理逻辑智能的存在。

---

① 沈致隆.多元智能理论的产生、发展和前景初探[J].江苏教育研究，2009（9）：17-26.

② 沈致隆.加德纳·艺术·多元智能[M].北京：北京师范大学出版社，2004：15.

③ Howard Gardner. *Intelligence Reframed*：*Multiple Intelligences for the 21st Century*[M].New York：Basic Books，1999：3.

④ Howard Gardner. *Intelligence Reframed*：*Multiple Intelligences for the 21st Century*[M].New York：Basic Books，1999：4-5.

3. 空间智能

空间智能是指人类大脑能够建立外部世界模型，并能够利用和操作这个模型的能力。简单来说，就是人类能够理解和利用空间信息的能力。这种能力使人们能够感知和理解周围的环境，同时也能够在其中进行导航、定位、规划和执行各种任务。空间智能与其他智能相比更加抽象，对此智能有优势的人，不仅可以熟练使用视觉能力，也可以不借助视觉的帮助，在大脑中进行空间想象和思维建构。

4. 音乐智能

音乐智能是指个体对音乐元素的理解和运用能力，是“涉及表演技巧、音乐作品创作和欣赏音乐作品的能力”[①]。音乐智能受遗传因素影响，有的人从幼儿时期就对音乐有着极高的敏感性，他们可以感受到各种声音和节奏的变化，也可以对其进行模仿；有的人天生五音不全，也不能辨别不同声音之间的细微变化，所以音乐智能有很强的个体差异性。

5. 身体运动智能

身体运动智能是指“通过身体运动的方式来表达或实现自己的想法和创意的能力”[②]。此智能主要依赖身体的协调能力、灵活性和精准性方面的表现。运动员、舞蹈演员、表演艺术家都在身体运动智能方面有较大优势，具体表现在个人对身体的控制和运用能力以及对各种物体的操控能力。

6. 人际智能

人际智能是指“个人理解他人意图、想法和动机，从而与他人进行高效协作的能力”[③]。政治家、企业家、心理学家在人际智能方面都具有较大优势。在全球化的时代，人与人之间的联系更加紧密，这种联系可以缩短人与人之间的距离，可以帮助人们更高效快速地完成工作。因此，人际智能就显

---

① Howard Gardner. *Intelligence Reframed*: *Multiple Intelligences for the 21st Century*[M].New York: Basic Books，1999：6.

② Howard Gardner. *Intelligence Reframed*: *Multiple Intelligences for the 21st Century*[M].New York: Basic Books，1999：6–7.

③ Howard Gardner. *Intelligence Reframed*: *Multiple Intelligences for the 21st Century*[M].New York: Basic Books，1999：8.

得尤为重要。

7. 自我认识智能

自我认识智能是指个人对自己的能力、知识和观点有清晰的认识，并能够及时对自己的思想、行为和决策进行评价和反思的能力，“包括自我了解以及处理自我欲望、恐惧、能力的方式，并利用这些信息来有效地调整自己行为的能力”[①]。此智能是个人不断提高的基础，它本质是一种精神上的刺激，在日常的学习和生活过程中，当个人为自己的错误而后悔并决心改正时，就是自我认识智能的有效表现。

8. 自然观察智能

自然观察智能是指个体能够认识和利用自然环境和社会环境的能力。认识自然的前提条件是具有洞察力、探寻力、侦查力等，商人、侦察兵、政治家在自然观察智能方面都具有较大优势，机敏的观察能力是洞悉事物内在联系的首要因素。

9. 存在智能

“存在智能的概念源于人类对于存在问题的思考。这些问题涉及人类自身的本质，如生命的意义、死亡的原因、人类的起源、未来的走向、爱情的本质以及战争的原因等方面。这类问题超越了人类感官的限制，无法通过感官来直接感知。”[②]

10. 各智能间的关系阐述

从加德纳教授的众多著作中，我们可以总结出各智能间的关系。第一，就智能的概念和本质而言，各智能之间保持着相对独立的关系，彼此之间的影响程度很小，甚至没有影响；第二，每个人的智能结构都由多种发展程度不同的智能组成，使个体具备了多元化、个性化的特点，正是因为每个人的智能发展情况互不相同，才使每个人都是独一无二的；第三，所有智能互相合作互补是形成完整个体智能的基础，因此不会出现一个人完全缺失某一智

---

① Howard Gardner. *Intelligence Reframed*：*Multiple Intelligences for the 21st Century*[M].New York：Basic Books，1999：10.

② Howard Gardner. *Multiple Intelligences*：*New Horizons*[M]. New York：Basic Books，2006：12.

能的情况，最多也就是智能发展不健全；第四，智能没有高低是非之分，也没有哪种智能是道德的或者不道德的，严谨地说，智能和道德没有关系，每种智能都具有双重性，为社会做出贡献或对社会造成破坏仅仅在一念之间；第五，几种智能同等重要。

二、社会文化理论

（一）以调节为核心的高阶心智功能发展机制

调节是社会文化理论中的核心概念之一，是人类高阶心智功能发展的核心。社会文化理论的核心观点是，人类与物质世界和符号世界的相互作用不是直接的，而是间接的，是被文化建构的辅助工具调节的。这些辅助工具产生于人类参与文化活动的过程中，在这些文化活动中，文化制品和文化概念以一种复杂、动态的方式和彼此（有生物基础的）心理现象互动。人类的高阶心智功能就产生于上述文化和生理传承的不断互动中。图1-1展示了人类与外部世界间接的、被调节的关系。

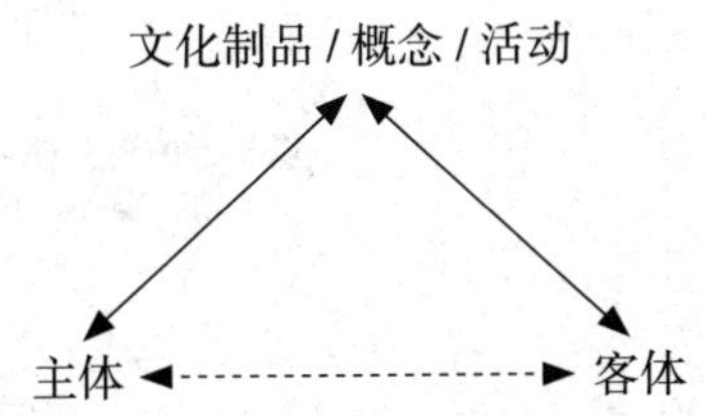

图1-1　人类与外部世界间接的、被调节的关系

正如人类使用工具来调节其与物质世界的关系一样，人类使用符号工具（symbolic tools）或文化制品（culturally artifacts）向外调节与物质世界的关系，向内调节与自我的关系。认知发展意味着人类逐渐获得调节自己的心智活动的能力。借助调节概念，可以理解人类如何发展高阶心智功能。人类和其他

动物一样有发展低阶或自然心理过程的生物学基础，而人类独有的则是将社会、文化形式的调节作用内化成为高阶心智功能，从而从根本上改变这种生物学基质的高阶认知发展过程，是人类控制认知、获得自我规约的过程。

对于儿童而言，维果茨基（Vygotsky，1978）认为，儿童在成长过程中通过持续参与和成人的社会互动学会使用符号工具，特别是语言。[①]具体过程是，成年人在与儿童共同的、目的明确的活动中使用言语工具（verbal tools），目的是规约或调节儿童的行为。儿童借用（appropriate）这些工具并以私语（private speech）的形式来组织、计划、指导、评价自己的行为。当儿童逐渐掌握这些言语工具，即这些工具逐渐被内化（internalize）时，它们将转化为内部言语（inner speech）。通过内部语言，儿童自我规约心智功能及活动。在以上过程中，儿童的认知发展经历了从客体规约（object regulation）到他者规约（other regulation），最后到自我规约（self-regulation）的阶段，而自我规约的特点就是儿童能够使用符号工具进行自我调节（见图1-2）。

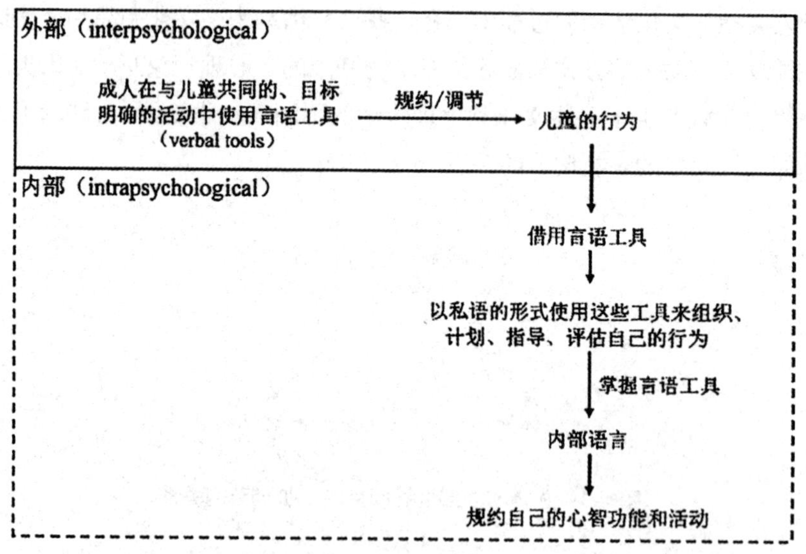

图1-2 儿童高阶心智功能发展的社会文化实践及其调节机制

① Vygotsky, L. S. *Mind in society: The Development of Higher Psychological* Process[M]. Massachusetts: Harvard University Press, 1978: 35.

上述儿童高阶心智功能的发展过程反映了人类高阶心智功能的发展过程。人类的高阶心智功能在发展过程中会出现两次：第一次出现在人际间（interpersonal），第二次出现在内心中（intrapersonal）。这种认知功能从心理间层面（interpsychological）移动到了心理内的层面（intrapsychological）的过程就是内化。内化概念反映了维果茨基（1993）对个体和环境之间辩证关系的认识，他认为，生物学基础和社会世界对人类的心理功能发挥作用都是必要的，文化使所有个体超越生物学的限制。这种对高阶心智功能从心理间到心理内的发展过程的认识对理解人类高阶心智功能的发展有着非常重大的意义。

因此，从社会文化理论视角来看，高阶心智功能发展的过程就是人类不断参与社会文化实践，在文化制品、社会互动和概念等的调节作用下，并且在心理工具的调节作用下自我规约高阶心智功能的过程（见图1-3）。高阶心智功能发展的过程亦即学习的过程。这种从外到内的转化不能孤立或自动发生，而是被文化制品和社会文化实践活动、概念和社会互动等调节工具调节发生。在学校教育中，科学概念和师生对话互动对学习者的学习过程发挥着尤为重要的调节作用。

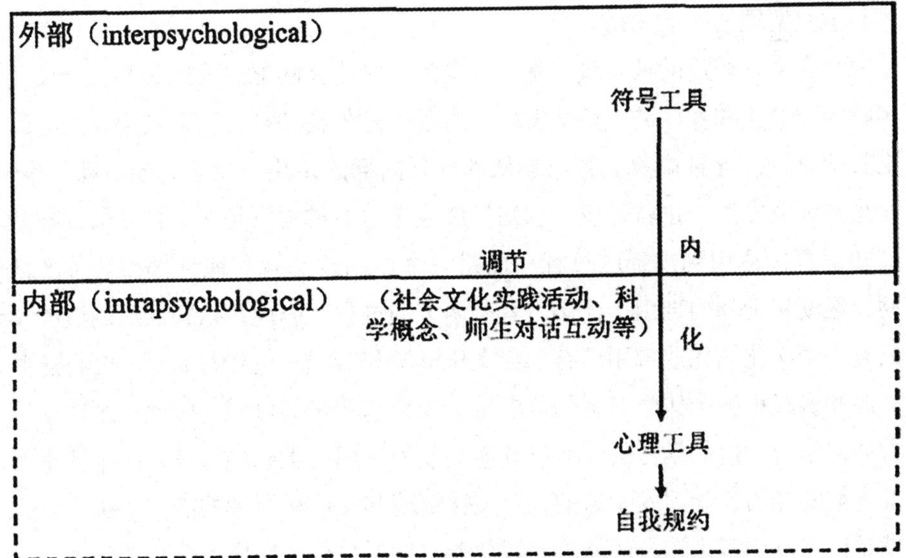

图1-3　学习的社会文化实践及其调节机制

心理工具是外部的符号工具独特的社会表现形式，在人类高阶认知活动中发挥着极为重要的作用。人类不仅能够使用心理工具来调节与物质世界和自我的关系，还能够调节高阶心智功能的发展。因此，心理工具根据个体或共同体的需要被历史文化塑造、传承、改造，同时向内塑造人类的高阶心智功能发展。

（二）社会文化给养对调节机制发挥作用的影响

社会文化理论强调社会文化历史情境在人类高阶心智功能发展中的重要作用，强调文化制品和活动、概念和社会互动对人类高阶心智功能发展的调节作用，而生态学视角同样强调学习情境在人的高阶心智功能发展中的重要作用，关注学习过程中学习者和学习情境之间的互动关系。

社会文化理论和生态学视角都关注学习者和社会文化情境中的物质或符号制品之间的互动，也就是说，二者均强调社会文化情境对人的高阶心智发展的调节作用。从社会文化理论与生态学视角相结合的视角来看，学习是被调节的、情境化的活动，逐渐产生于学习者与其社会文化情境之间的互动中。而生态学中的给养概念与社会文化理论中的调节概念密切相关，强调主体与学习情境的互动关系。

社会文化理论的核心观点是，人类的高阶心智功能是通过参与社会文化实践活动产生和发展的。认知发展的过程就是外在的社会互动被内化为心理工具的过程。这种高阶心智功能从外部到内部的转化不能独立或自动发生，而是被调节发生。也就是说，认知发展或学习的过程不是一个将外部的技能或知识直接挪用到内部的过程，而是一个由高阶心智功能外部被调节的活动，逐渐移动到内部由个体学习者所调节的过程。因此，认知发展的过程不只是一个文化儒化或挪用已有社会文化资源和实践的过程，而是一个将这些资源和实践根据个体学习者的需求重新建构和转化的过程。因此，个体学习者如何学习，他们学习了什么以及他们如何应用所学到的知识，由个体学习者之前的经历、学习发生地的社会文化情境和个体学习者的需求所决定。也就是说，以调节为核心的高阶心智功能的发展是一个高度个性化的过程。

社会文化理论中的核心概念调节无法清晰地解释人类高阶心智功能发展

的复杂性，说明调节工具在个体学习者的学习过程中发挥着高度个性化的调节作用，而将生态学理论中的给养概念与调节相结合，能够充分体现调节的复杂机制，增强社会文化理论对人类高阶心智功能发展的解释。

在生态学中，给养最初用来指生物体和环境中特定特征之间的相互关系，被定义为“环境为其中的动物所给予、提供和配置的，无论是积极的还是消极的”。在自然环境中，当动物协调与环境的关系时，给养被感知、被理解。对于不同的生物体而言，环境所提供的给养不同，由生物体的行动、需求以及其对学习者的作用所决定。

吉普森（Gibson，1979）认为，给养既不是主体的特性，也不是客体的特性，而是主体与客体之间的关系。给养是意义潜势，或者说是一种行动潜势，当人类与物质和符号世界互动时涌现出来。意义涌现的先决条件是行动、感知和阐释在相互加强的循环中（详见图1–4）。

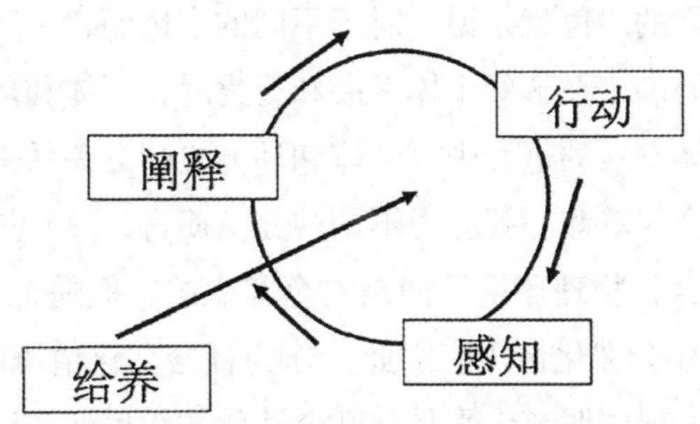

图1–4　给养概念图

因此，从生态学视角来看，社会文化情境中调节工具的存在并不足以使它们成为调节工具，需要主体在参与社会文化实践活动时主动地感知、阐释这些调节工具及其作用。也就是说，生态学视角和社会文化理论都强调学习者的主观能动性。语言学习者不仅是将语言输入转化为输出的处理器，而应该被理解为能动的主体，而非知识的被动接受者。从生态学的视角来看，这意味着个体学习者就像处于生态环境中的生物一样，虽然所处的生态环境相同，但不同的生物体对环境的感知却是不同的。

不同于自然给养，提供社会文化给养的人工制品的设计中包含历史、社会或文化信息，因此这些人工制品对人类而言有特定的用途。对于个体学习者而言，学习情境所提供的社会文化给养是不同的，由个体学习者的行动、需求以及其对学习者的作用所决定。当社会文化情境中的调节工具与学习者的需求匹配时，调节工具就能为学习者的认知发展提供社会文化给养。也就是说，社会文化给养是环境与学习者之间匹配的关系。如果个体学习者感知不到其存在的话，社会文化给养就不存在。社会文化给养被感知到后，能动的个体学习者阐释并将其转化为学习行动。因此，将社会文化给养概念与社会文化理论相结合强调了能动的个体学习者及其所处的社会文化情境之间的相互关系。从二者结合的视角来看，学习的过程是个体学习者感知学习情境中丰富的社会文化给养，并将这些行动可能性转化为学习行动的过程。

上述对学习过程的基本认识符合社会文化理论对学习过程的基本认识。在探讨个体和社会文化情境之间的关系时，学者们认为，个体与其环境之间的关系是互相定义的。也就是说，对于不同的个体而言，环境所提供的社会文化给养也是不同的。在解释个体发展和行为时，个体和环境不应被看作不同的因素。在个体发展的过程中，个体和环境之间的关系是相互塑造的。因此，环境对于每个年龄和心智能力不同的儿童而言，并不是完全相同的。对于每一个个体而言，物理环境可能是完全客观的，但随着个体不同的阐释，没有完全客观的社会文化情境。因此，作为社会文化情境的核心组成部分，调节工具对个体发展的调节作用是高度个性化的。也就是说，调解是一个非常复杂的概念。因此，将社会文化给养与调节这两个概念相结合，能够体现出调节机制的复杂性和动态性，从而增强了社会文化理论对人的高阶心智功能发展的解释力。高阶心智发展是学习者与社会文化情境不断互动的结果。在高阶心智发展的过程中，学习者不断感知和阐释学习情景中的社会文化给养，即调节工具能够如何为其所用，进而采取相应的学习行动。在此过程中，个体学习者对调节工具的感知和阐释是高度个性化的，逐渐出现于他们与社会文化情境的不断互动中。

学习文化，即不同文化共同体的成员对如何教或学的不同偏好、预期、理解、价值观和信念，是影响学习者理解和参与学习活动的重要因素之一。学习者理解和参与学习活动的方式受到其动机的影响。在具体的学习活动中，学习动机表现为学习者的学习目标。因此，个体学习者对调节工具的感知和阐释受其学习动机和学习目标的影响。而学习动机和学习目标又进一步受到学习者过往学习经历、重要他者（父母）、课程设置及要求、学习者的学习信念和内在学习兴趣等因素的影响。

三、建构主义理论

建构主义理论描述了学习行为的特点、环节和知识掌握的心理过程。瑞士心理学家皮亚杰（Piaget）创建了建构主义理论。该理论认为学习是共同体行为，在一定的社会背景中，学生利用所需要的学习材料与同伴进行互动，并使用意义建构的方式获得知识的过程就是学习的过程。学习的本质就是学生在已有的知识或者经验的基础上去理解吸收新的知识，从而进行新的知识构建。任务型教学法最突出的特点是“在做中学”，强调师生互动、生生互动，教师向学生布置任务时通常采用小组合作的互动方式，充分体现了建构主义学习语言的共同体思想。学生需要积极调动自己已经掌握的知识或者经验并将其进行运用，从而促进其新的知识构建。在整个教学过程中，学生位于课堂的中心地位，教师则主要发挥引导和监督的作用，当学生遇到问题时应及时给予帮助，通过提问、对话、情境、探究、协作等要素，使学生在意义构建的过程中获得新的知识。

四、克拉申的输入假说

克拉申（Krasen）于1985年提出输入假说，该理论是克拉申在输入理论研究方面较为成熟完整的一个理论。克拉申的输入假说包括习得学习的假说、自然顺序假说、监察假说以及情感过滤假说。输入假说阐释了二语习得的过程。[①]克拉申认为在二语习得过程中，学习者通过可理解输入来学习目标语言。可理解输入是指输入的内容在学习者可接受、可理解的范围之内，同时又要稍高于他们现在的认知水平。学习者现有的认识水平为“i”，学习者现在的水平与进入可理解输入范围后达到的水平之间的距离为“1”，最后实现或达到的水平即为“i+1”，该公式也是克拉申输入假设的重点。通过该假说，我们发现语言学习者如果要想提高语言能力，进行可理解性输入是不可或缺的环节。

然而，输入假说也存在着一些局限性，输入假说认为大量可理解输入可以提高学习者的语言能力，但单方面的语言输入并没有输出，学习者的语用能力也没有得到提升，而斯温（Swain）的输出假说正好弥补了这一局限性。

五、斯温的输出假说

斯温（1985）在加拿大法语沉浸式教学研究中发现，单方面的、大量的可理解性输入并不能达到语言输出的目标。[②]因此，斯温提出输出假设理论，她认为在二语习得过程中必须进行大量的输出练习，仅有语言输入是不够的。她基于输出和输入在语言习得中的不同作用，提出了可理解性输出。斯温指出在学习者进行语言输出时，可以扩大他们中介语的知识并提高他们的交际能力。这说明学习者的输出也只有在原有的基础上进行可理解性输出，才能更高效地将输入转化为内在知识的再输出，从而提高学习者的语用能力和整体的语言能力。

斯温（1985）的输出假说认为输出在二语习得中发挥三个功能。第一，注意式触发功能，即学习者对自身的语言形成或不足产生注意，从而增加学

---

① Krashen，S. *The Input Hypothesis*：*Issues and Implications*[M]. New York：Longman，1985：28-29.

② Swain M. Communicative competence ：Some roles of comprehensible input and comprehensible output in its development[J]. *Input in second language acquisition*，1985（15）：36.

习者学习的兴趣并触发学习的认知加工程序，这样有利于下一步的加工与习得。第二，检验假设功能，在输出过程中，学习者可以检验输入材料的语言形式的正确性和自身知识的掌握程度，以形成对输入知识的更深层的理解，从而内化知识，提高语用能力。第三，元语言反思功能，元语言反思是用语言对语言进行反思和思考，并在输出过程通过语言的表达来对语言的形成和结构进行思考。

产出导向法以输入假设和输出假设为理论基础。从输入角度说，在产出导向法的促成阶段，教师要提供学生输入材料以助学生完成产出任务，使语言输出目标顺利完成；从输出角度说，在产出导向法的驱动阶段使用输出驱动，让学习者尝试输出，从而发现不足并产生兴趣。产出导向法最终在克拉申输入假说和斯温的输出假说基础上，提出了“输出—输入—输出”的教学环节，最终达到语言输出的目标。可以见得，产出导向法的提出不是毫无根据的，也不是一蹴而就的，而是分析了输出、输入的优缺点并综合了优点而创新形成的一种完整的、有科学性的教学理论。

第四节　大学英语促学评价理论分析

一、促学评价的含义

早在1990年，美国教师联盟、国家教育评估委员会，以及国家教育协会对教师评价便有详细的描述，提出了七个对教师评价能力的评判标准，包括教师应有能力选择合适的评价方法，教师应有能力改善评价方法，教师应有能力掌控评价方式所产生的结果，教师应有能力利用评价结果在学生学习现状、教学计划、课程开发、学校发展方面等方面提出建议或决定，教师应能充分利用对学生的评价开发有效的分析程序，教师应能够将评价结果与学生、父母、其他教育者进行交流，教师应能够识别不合适的评价方式和不恰当的评价信息用法。

随着教育界对教师评价更深入的理解，形成性评价的作用引发了促学评价这一术语的使用，哈里·布莱克（Harry Black，1986）提出这一术语。[①]在哈里·布莱克提出后，促学评价这一术语由斯蒂金斯（Stiggins，1991）正式确立并运用。尽管他介绍了评价能力所包含的特点方法，却并没有给这一术语一个直接的定义。斯蒂金斯（Stiggins，1995）提到为了发展这样一种促学评价，需要对外语教师职业能力的发展提出清晰具体的期望。[②]

随后诸多学者对促学评价给出了不同的定义。其中被引用频次最高的是英国评价改革小组（2002）所给定义：促学评价是一种将其设计和实践优先服务于促进学生学习的目的的评价。促学评价有以下十项原则：（1）促学评价是高效计划的一部分；（2）促学评价是课堂实践的中心；（3）促学评价促进对目标和标准的理解；（4）促学评价具有敏感性和建设性；（5）促学评价激发学习动机；（6）促学评价认可所有教育成就；（7）促学评价关注学生如何学习；（8）促学评价帮助学生了解如何提升；（9）促学评价益于同伴评价和自评能力的提升；（10）促学评价是一种关键专业技能。布莱克·保尔等人（Black Paul et al.，2003）在*Assessment for Learning:Putting it into Practice*一书中区分了形成性评价和促学评价。[③]布莱克等人认为促学评价是把提高学生学习置于首要地位的评价方式。而在2009年的促学评价国际会议上，专家组则对促学评价一词给出了更深一步的定义：促学评价是学生、教师和同伴之间日常实践的一部分，寻找、反思并回应从对话、展示以及观察中得到的信息，用来促进正在进行的学习。

在促学评价中，教师扮演着为学生提供支持和学习机会的角色，而学生是他们终身学习的掌控者。教学评价的主要目的是使学生成为自主自律的学

---

① Black H. Assessment for Learning[A]. *Assessing Educational Achievement*[C]. Nuttall，L. London：Falmer Press，1986：3.

② Stiggins J. Assessment Literacy for the 21st Century[J]. *Phi Delta Kappan*，1995，77（3）：238-245.

③ Black P.，Harrison C.，Lee C.，Marshall，B.，William，D. *Assessment for Learning*：*Putting it into Practice*[M]. Maidenhead：Open University Press，2003：57.

习者。高满满等（2018）认为促学评价理论以促进学生学习为其最终目的，以学习者本身而非知识本身为中心，以评价策略为促学评价的载体，弥补了以单纯的评价分层为目的的终结性评价方式所带来的弊端。[①]

二、促学评价的理论基础

（一）泰勒原理

教师上课和评价教学效果的主要依据是课程，它也是学校教育的基础。被称为“现代课程理论之父”的泰勒在1949年出版了一本至今在课程领域还有影响力的著作——《课程与教学的基本原理》。在他看来，“我们要系统地、理智地研究某一教育计划，首先必须确定所要达到的各种教育目标，教育目标是指导课程编制者所有活动最为关键的准则”[②]。在书中他提出了四个经典的问题：“学校应该达到哪些教学目标？学校应该提供哪些经验才能实现这些教学目标？怎样才能有效组织这些教育经验？我们怎样确定这些目标正在得以实现”？根据这样的逻辑，在课堂教学中，教师应当考虑通过什么方式让教学目标、教学活动、教学评价之间具有一致性，即教师要具有“教—学—评—体化”的理念。

（二）布鲁姆的“掌握学习”模式

教学过程实际上是一个动态过程：教师通过对学生的学习状态的了解和对学生的提问能够及时了解学生的学习情况，并能立刻调整自己的教学方法

---

① 高满满，黄静，张文霞.以评促学：“促学评价”理论及其在中国外语教育中的实践[J].山东外语教学，2018，39（3）：33-41.

②（美）拉尔夫·泰勒.课程与教学的基本原理 汉英双语版[M].罗康，张阅译.北京：中国轻工业出版社，2021：1.

和教学进度。学生能通过教师对其的评价进行查缺补漏，只有教、学相互反馈，才更好地实现预期的教学目标。

布鲁姆是美国著名的教育家，是国际教育评价协会的评价专家和课程专家。如果说布鲁姆等人提出的教育目标分类学是试图使目标与测验（终结性评价）一致，那么他20世纪70年代创立的“掌握学习”模式则是“试图解决教学与评价的一致性问题”。“掌握学习”的宗旨就在于使所有的学生掌握所有的课程内容。该模式的中心任务是让学生明确教学目标，教学要与评价结合起来，形成新的反馈教学。它的实施程序有六步：第一，设计单元教学目标；第二，群体教学；第三，形成性评价；第四，矫正学习；第五，再次形成性评价，与前次同质异次；第六，进入下一单元的学习。在这个过程中，反馈是最重要的环节，学生对自己学习活动进行反馈也充分说明了学生是学习的主体，它是在学习活动中学生主动进行的。所以，一方面，教师要积极引导并且给予详细的指导；另一方面，在教学活动中教师要为学生及时获取有用的反馈信息创造良好的条件，这样能帮助学生即刻有效地获取反馈信息，让学生调整学习活动，从而提高他们学习的效率和质量，使他们成为学习的主人。由此，通过布鲁姆的“掌握学习”模式不难看出，评价一直融入教学过程的始终，因此教师要制定清楚明了的教学目标，制定合理的教学活动，设计更好的评价任务，使课堂真正达到以评促学。

三、大学英语教学中促学评价的价值

（一）实现课堂教学目标

基于促学评价的课堂，教师要把关注点从“我教了什么”“教学任务完成了吗”等方面转变到“学生学会了吗”“学生掌握了哪些，哪些没掌握”。在大学英语课堂中，学生是学习的主体，只有把目光聚焦到学生身上，才能有助于学生完成学习目标。这也正好与叶澜教授提出的“好课”五项基本要求相契合，即“有意义、有效率、生成性、常态性、有待完善”。在英语课堂教学中，如果学生从起步的时候跟不上，就很难再掌握更高一级的内容。所以教师在上课时，就要调动学生的学习积极性，让学生对英语产生浓厚的兴趣，让学生在平时生活中主动地用英语与他人进行交流，这样对于教学目标的达成就水到渠成了。

崔允漷教授说过“目标是灵魂”，基于促学评价的课堂教学应该是围绕目标进行的，并且上完一堂课的最终结果是实现教学目标，而“准确地表述目标有利于教学目标的达成”[①]。在促学评价的教学设计中应该先确定学生的学习目标，而且这些目标应该是具体的、清晰的、可测的。评价任务的设计要依据教学目标，然后围绕教学目标和评价任务安排教学活动。课堂上的教学活动之所以有序展开是教学目标起了非常重要的作用。教学过程中的评价一直存在，通过评价，教师能了解学生对学习内容的掌握程度，从而有助于教师发现学生存在的问题并督促学生及时改正，这也为教师改进教学方法、调节教学进度提供借鉴。

（二）促进学生的发展

学生的学习目标是基于促学评价的课堂教学所极力实现的，目的就是让学生清楚地了解，通过学习自己获得了什么样的知识，得到了什么样的技能，获得了什么样的情感。在这个倡导核心素养的时代，促学评价围绕核心素养，学生通过课程学习逐步形成适应个人终身发展和社会发展需要的正确价值观、必备品格和关键能力。英语课程要培养的学生核心素养包括语言能力、文化意识、思维品质和学习能力等方面。

建构促学评价的课堂，要以学生为中心，通过各种活动，最终把教学目标转变成学生的学习结果。在课堂教学中，不仅要有清晰的教学目标，还要有评价贯穿于教学过程的始终。这样的课堂不仅让教师通过评价能实时地掌握学生的学习程度，更重要的是学生通过教师和同伴的评价，能够清楚自己的学习状态以及所学知识是否牢固掌握。这样教师能够引导学生进行下一步

---

① 崔允漷.教—学—评一致性：深化课程教学改革之关键[J].中国基础教育，2024（1）：18-22.

的学习，学生也清楚自己在以后的学习过程中应该怎样去做，能够主动且专心地去学习。这样的课堂能够推动学生积极地参与到学习中去，也促使学生达成学习目标，最终促进学生的全面发展。

基于促学评价的课堂教学实施过程，及时的评价始终贯彻在其中，注重学生的学习结果，持续地搜集学生的学习信息并做出有效的评价，并且从教学目标方面对学生的学习信息做出分析、处理，确保学生是朝着教学目标的方向努力。同时，学生能够从教师的评价中直截了当地知道，自己平时的努力是否得到了教师肯定，从而让学生对自己的学习情况做出精准的判断。促学评价是有效教学的基础。这样的课堂能够让大部分的学生完成教学目标，让小部分的学生在课堂外创造精彩，因此基于促学评价的课堂能够促进学生的进步和发展。

第二章

大学英语课堂教学的模式与现状

21世纪初以来，我国大学英语课程历经多次改革，教材、教学方法、教学模式不断丰富，教学设备随着科技的进步、经济的发展不断升级优化，我们追求的目标、方法也逐渐多元化。因此，创新教学模式符合当今时代对英语人才的要求。在新时代背景下，大学英语教学也应该转变教学思路，采用科学的教学模式展开教学。本章就对大学英语课堂教学的模式与现状展开分析。

第一节　大学英语课堂教学的常见方法

一、大学英语任务型教学法（TBLT）

（一）任务教学法的定义

目前学界对语言教学中“任务”的定义存在不同的见解。

威利斯（Willis，1996）①认为任务的实施过程分为任务前、任务中和任务后三个阶段，并提出三个阶段的任务侧重点是有所不同的。埃利斯（Ellis，2003）②认为设置任务应从帮助学生完成交际目的的角度出发，语言的意义与功能是任务的重点，而非形式。努南（Nunan，1989）③将任务分为两类，即真实世界中的任务和教学任务。他认为在现实生活中发生频率高的任务是学生应该掌握的主要任务；单纯为了教学设置的任务在一定程度上虽然也能帮助学生快速习得目的语，但设置的任务也应尽量接近现实生活。

上述观点对语言教学中“任务”的界定侧重点虽有所不同，但对其在语言教学中的重要地位和作用的认同已达成共识。

---

① Willis，J. *A Framework for Task-Based Learning*[M]. London：Longman，1996：250.

② Ellis，R. *Task-based language learning and teaching*[M]. Oxford：Oxford University Press，2003：35.

③ Nunan，D. *The learner-centered curriculum*：*A Study in Second Language Teaching*[M]. Shanghai：Shanghai Foreign Language Education Press，2005：145.

（二）大学英语任务教学法的实施

目前学界对于大学英语任务型教学法的实施步骤认可度最高的是威利斯（1996）在其*A Framework of Task-Based Learning*中提出的三阶段模式，分别为任务前、任务中和任务后阶段。

1. 任务前阶段

任务前阶段是大学英语任务型课堂教学实施步骤的第一个环节，也是大学英语任务开展前的准备阶段。在这一阶段，教师可以从教学和情感两个维度引导学生完成任务执行前的准备工作。在大学英语教学方面，教师明确任务的主要内容，向学生介绍任务的大致流程和任务执行时需要注意的相关事项，以激活学生头脑中的语言储备。在介绍任务要求时，教师可以通过播放视频、展示实物、多媒体展示图片等方式进行导入，以有助于快速集中学生的注意力，使学生全身心地投入到英语的学习中。在情感方面，教师在上课前应充分备课，明确教学目标和教学重难点，并思考新知与学过的知识是否有联系。此外，备课的同时也要了解每一名学生的英语水平和学习需求，最大程度地激发学生学习英语的积极性，使学生能够积极地参与任务活动，减少部分学生抵触上课的情绪。如上课伊始，教师可以向学生进行简单的问候，或者播放舒缓的音乐和有趣的视频，减轻学生学习英语紧张焦虑的心理，为学生创造一个轻松愉快的学习氛围，让学生能够全身心地参与教学活动。在整个教学活动中，任务前阶段是大学英语任务型教学课堂的基础，其关系着后续任务是否能够顺利开展。

2. 任务中阶段

任务中阶段是大学英语教学中学生执行任务的过程。在这一阶段，学生是课堂的中心，是任务执行的主体，教师主要起到引导和监督的作用，以最大程度保证学生的主体地位。学生完成任务有很多途径，如通过小组合作、情景对话、探讨交流等方式完成任务。在学生执行任务的过程中，教师大量使用鼓励性的语言，并引导学生运用英语语言来完成任务，但不可过多干涉。由于学生水平有限，因此在任务执行过程中，应允许学生通过查字典、使用翻译软件解决疑难问题。针对学生解决不了的问题，教师应及时做出解释、提供帮助。这样既维持了学生表达的兴趣，同时也能加强教师与学生之间的互动。此外，教师还要掌控好完成任务所需要的时间，鼓励学生尽量自主完成任务。

3. 任务后阶段

任务后阶段是大学英语任务型教学法的最后一个环节，也是学生任务完成情况的总结反馈阶段。在这个阶段，首先，学生已经完成小组任务，教师可采用提问和小组汇报的方式来检验学生掌握知识的情况，从而把握学生完成任务的程度；其次，教师要结合学生实际，启发学生解决问题，归纳出学生错误率较高的地方并进行提示和纠正，然后带领学生梳理本节课的知识内容、复习回顾教学重难点，进一步帮助学生巩固所学知识；最后，教师指导学生进行语言形式的操练，从而培养学生将语言知识和语言形式转化为言语交际的能力。

任务型教学法的实施步骤包括任务前、任务中和任务后三个阶段。在大学英语任务型课堂上，教师要把握好这三个环节，在实施过程中应注意三个阶段的前后贯通、层层递进，帮助学生掌握英语知识和英语技能，加强学生学习英语的兴趣，从而提升他们综合运用英语的能力。

二、大学英语成果导向教育法（OBE）

（一）OBE理念的内涵

OBE理念的全称是Outcome-Based Education，这一理念是由美国社会学家威廉·斯派蒂（William G. Spady）于1981年提出的。1994年他在著作《基于产出的教育：争议与答案》（*Outcome-Based Education*：*Critical Issues and Answers*）中对OBE理念的内涵进行了定义："清晰地聚焦和组织教育系统，使之确保学生在未来生活中获得实质性成功经验。”[①]澳大利亚教育部门也对OBE理念的内涵做出了解释，即“实现学生特定学习产出的一种教育过程，教育结构和课程是教育过程的手段而非目的，如果该过程不能培养学生的能力则需要被重建”。通过以上对OBE理念内涵的定义可知，OBE 理念重点关注的是学生的学习成果，所有的教学活动都要以学生为中心，围绕学生的学习成果展开，即“成果导向、学生中心、持续改进”。因此，在开设教学活动前我们首先要清楚学生在结束学习之后有哪些学习成果，以怎样的手段和方法来实现学习成果，用何种方式评价学生所获得的学生成果，在此基础上来安排合适的教学活动，以保证顺利实现预期的学习成果。

李志义、朱泓、刘志军、夏远景（2014）归纳了OBE的实施框架：一个核心目标、两个重要条件、三个关键前提、四个实施原则、五个实施要点（见图2-1）[②]。

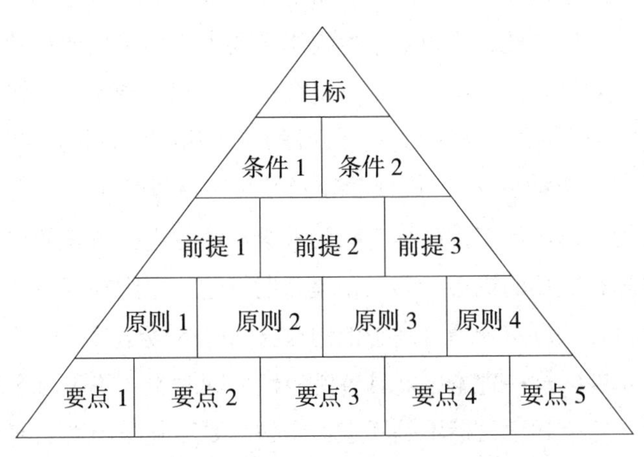

图2-1　OBE 三角形实施框架

核心目标：每名学生都要达成最终的顶峰成果。

---

① Spady，W. G. Outcome-Based Education：Critical Issues And Answers[J]. *Arlington*，*VA*：*American Association of school Administrators*，1994（21）：1-10.

② 李志义，朱泓，刘志军，夏远景.用成果导向教育理念引导高等工程教育教学改革[J].高等工程教育研究，2014（2）：29-34+70.

重要条件：（1）描绘成果蓝图，明确学生应达到的能力，使学习成果清晰化；（2）创设成功环境，为学生提供合适的条件和机会以达到预期目标。

关键前提：（1）通过学习，每名学生都可以获得成功，但是所需的时间不同，采用的方法不同；（2）成功是成功之母，即一次学习的成功会促进下一次成功的学习，层层递进，最终达到顶峰。（3）学校掌握着学生成功的条件，因此学校应提供更多的学习机会和学习资源给学生，以帮助他们达成最终成果。

实施原则：清楚聚焦、扩大机会、提高期待以及反向设计是在真正落实OBE理念过程中应遵循的四项基本原则。这四项基本原则的提出是建立在两个前提基础之上的：（1）教育对人才培养提出的基本要求具有可判断性；（2）每名学生的发展存在无限可能性。

考虑以上两点，斯派蒂构建了实施 OBE 理念的基本原则。第一，清楚聚焦是实施 OBE 理念最基础且最关键的一条原则，它要求教师和课程计划者清楚地聚焦于他们期待学生最终获得的学习成果，并以此来开展教学设计和教学活动。不仅如此，它也对学生提出了要求，学生也要把学习目标明确地聚焦于学习成果上面。第二，扩大机会这一原则是指学生个体之间具有差异性，他们可能不能用同样的方式和同样的时间取得相同的成果，但是OBE理念相信“人人皆能成功”。因此学校和教师应尊重学生个体之间的这种差异性，提供指导、灵活安排教学时间和教学资源并进行科学的评价，从而保证每名学生都有成功的机会。第三，提高期待这一原则指在教学实践过程中教育者对学习者，设定合理且高于他们自身水平的教学目标，这个教学目标要遵循最近发展区这一理论，需具备挑战性，同时也要不失可实现性。但需要注意的是，这个教学目标不是固定不变的，要跟随学习者的变化发展来进行动态设定。并始终以学生的发展水平为依据，构建更高一级的标准，从而保证“成功到更成功”的学习的有效推进。第四，反向设计这一原则与预定的学习成果密切相关，即这些成果不仅是教学设计和课堂活动安排的终点，也要以此为起点反向设计课程。认真思考怎样以最终的成果为出发点，自上而下地设计活动，只有这样才可以保证学习成果的顺利实现。以上四个基本原则息息相关，缺一不可。

实施要点：斯派蒂在构建出的金字塔结构中，列出了在实际应用OBE理念时应遵循“确定学习成果”“构建课程体系”“确定教学策略”“自我参照评价”以及“逐级达到顶峰”这五个实施要点。第一，学习成果指的是学生在结束某一门课程的学习之时或者之后，能够取得清楚的、可以看见的、可以证实的成果。①在明确学习成果时应考虑多方面的因素，包括社会、学校、家长和学生本人，这些成果不仅是教学设计和课堂活动安排的终点，也要以此为起点。第二，构建课程体系是在明确学习成果之后，可以通过一种或者多种课程来实现这些学习成果，同时一门课程也具备完成多种成果的能力，它们相互之间存在着清楚的映射关系。第三，教学策略是帮助学生实现学习成果的有效手段，与以教师为中心的传统教学方式大为不同，OBE理念强调以学生为中心，关注学生的学习结果、能力；同时，OBE理念更多关注的是输出而不是输入；此外，由于学生个体之间存在差异性，OBE理念也提倡个性化教学，教师要依据学生的特点、目标、学习进度等采取因材施教的方式，制定有针对性的教学方案。第四，自我参照评价应根据学习成果，对学生所取得的成果以及能力的提升进行多元、个性化的评价，而不是仅对学生进行终结性评价。第五，逐级达到顶峰指的是拆分学习成果，把学习成果定级，让学生在学习过程中逐渐实现由低级到高级的转变，最后走向顶峰。这表明不同学生可能花费不同的时间，采取不同的学习手段和方法，但是他们最终会抵达相同的目标。

（二）大学英语OBE教学的实施

1.“三环十步”教学流程

在确定教学目标、重构教学内容后，需要配备相应的教学资源、设计对应的教学流程、确定教学方法以支撑教学成果。基于OBE理念的大学英语教学模式强调采取线上线下相结合的方式实施大学英语教学，借助云教学平台，无论是在学习时间上还是在空间上，与传统的大学英语教学模式相比都更灵活、自由。通过对OBE理念与大学英语教学模式进行深入分析，本书设计出“三环十步教学流程”，如图2–2所示。

① 姜波.OBE：以结果为基础的教育[J].外国教育研究，2003（3）：35–37.

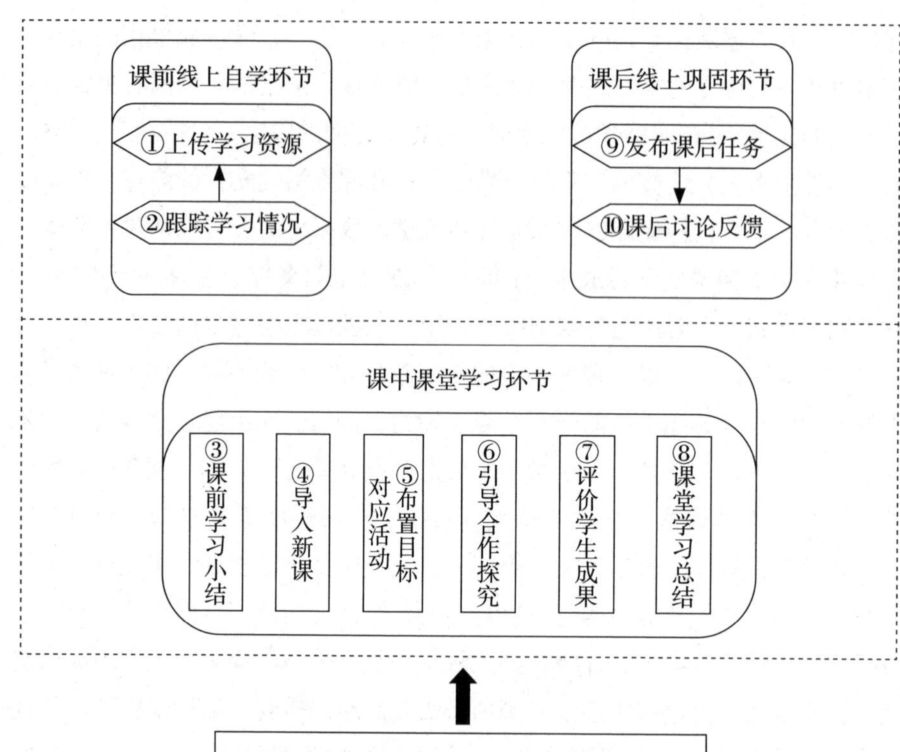

图2-2 “三环十步”教学流程图

（1）课前线上自学环节

①上传学习资源。上课前，教师需要确定大学英语课程教学目标，在此基础上进行大学英语教学设计。在大学英语教学云平台上传相关学习资源供学生进行课前自学，学习资源应尽可能地贴近学生日常生活，以提升学生学习兴趣，使学生产生学习共鸣。微课资源时间不应过长，控制在学生有效学习时间内，难度不宜过大，以免影响学生对本节课的学习兴趣和学习积极性。通过这一步骤让学生明确课程学习目标，学习本节课的基础知识，获得学习成就感。

②跟踪学习情况。学生在完成课前自学环节的学习后，还应积极完成课前小测任务，向教师反馈课前学习效果。对于遇到的疑难进行适当标记，以便在课堂上展开讨论。教师应及时跟踪学生课前自学环节的学习情况并对课中教学环节进行适当调整，使教学活动更具针对性和适应性，同时对学习资

源、课前小测完成情况进行记录。

（2）课中线下学习环节

课中课堂学习环节主要采取教师辅助学生解决问题和组织学生进行线下交流讨论、合作探究的方式进行。课中课堂学习环节和课前自学环节并不是相互独立的，他们是相辅相成、互相促进的。课中教学环节是对课前自学环节知识的深化学习，也是提升学生综合素质的关键环节。

①课前学习小结。大学英语课堂教学活动实施前，教师需对课前自学环节的内容与学习情况进行小结，之后带着学生一起回顾课前学习内容，梳理课前学习环节的重难点，讲解课前小测题目。

②导入新课。课堂小结后，以学生感兴趣的案例导入新课，向学生提出问题，激发学生思维，引起学生注意，让学生通过讨论和分享来解决问题。

③布置目标对应活动。基于OBE理念的大学英语教学模式中，课中学习环节通过组织学生交流讨论、合作探究的方式进行。教学活动设置上应与课程目标相对应，使学生完成活动探究后能顺利获得学习成果。在这一环节中，教师需要让学生明确活动内容，学生确定分组后给学生发放完成活动需要用到的工具与材料。

④引导合作探究。在活动探究过程中，教师需要实时监督学生课程任务完成情况，把握时间和控制课堂秩序，认真观察学生在合作探究时的表现，并记录他们遇到的问题，适当指引，同时要鼓励学生克服畏难情绪，遇到困难时与小组成员共同合作，让他们学会使用现有的学习资源共同分析、解决问题。

⑤评价学生成果。完成活动后，各个小组需要派代表对成果进行展示与汇报，讲解成果完成思路、遇到的问题和解决的方法等。在组员汇报时，别的小组成员可以对组员汇报情况进行拍摄记录，帮助汇报员汇报后观看视频反思自己的表现，以提高学生语言表达能力、仪态和汇报能力。在小组汇报过程中，教师可以邀请其他小组对学生的学习成果进行点评，汇报完成后，教师需要对每个小组的整体表现进行总体评价，从而使学生更客观地了解成果完成情况和学习表现，促进学生自我反思，提高学习成效。

⑥课堂学习总结。教师需要带着学生一起对教学内容进行总结，梳理巩固课堂知识，帮助学生突破重难点。在整个课中教学环节中，应坚持以学生为中心，给学生足够的空间让学生自行发现问题、解决问题。课中课堂学习

环节让学生在合作交流、活动探究过程中进行知识的内化与运用，使学生达成“应用”“分析”“评价”高阶学习目标，同时提升学生团队合作能力、分析解决问题能力等。

（3）课后线上巩固环节

课后线上巩固环节主要对课堂知识进行巩固，促进知识的迁移与升华，在这个环节还可以给学生提供拓展学习资源供学生进行学习。这个教学环节主要通过云学习平台进行。

①发布课后任务。教师在云教学平台发布课后任务。教师需要提前准备好课后作业及相关资源，且资源应具备趣味性，以提升学生的学习积极性。

②课后讨论反馈。在课后讨论时，教师可以组织学生分享本节课的学习心得和遇到的问题，让大家一起交流讨论。教师应充分发挥引导者的角色，引导学生对问题进行思考，协助学生解决疑难。通过鼓励学生多发言，帮助学生吸收、理解本节课的学习内容，促进部分学生克服胆怯等问题，培养他们的自信心。如果学生对教师教学有什么意见，也可在这个环节提出，以彰显学生的主体地位。教师需要根据学生课堂学习成效、成果达成状况，对教学活动进行持续改进，反思教学过程，从而使学生实现知识的巩固和迁移，同时可以培养学生的综合能力，帮助学生达成“创造”高阶目标。

2. 教学方法

教学方法是学生在大学英语教学活动中达成教学目标的手段，好的教学方法能提高学生的学习兴趣，使学生更好地掌握课程内容。基于OBE理念的大学英语教学模式强调以学生为中心与扩大机会的教学设计原则。所谓“教无定法，学无定式”，我们可以采取多种教学方法与模式让学生进行该门课程的学习。例如，在大学英语教学活动中采用任务驱动法，教学目标会被教师设置在教学任务里，之后让学生根据任务书的内容自主探索。通过与小组成员共同协作、自主探索完成教学任务，以充分发挥学生的主观能动性，培养学生多方面的能力。除了任务驱动法之外，项目教学法同样也可以应用在基于OBE理念的大学英语教学模式中，项目教学法以“确定项目、制订计划、活动探究、作品制作、成果交流、活动评价”为教学设计思路。教师设计一个与课程内容有关的项目，然后交给学生自己通过搜集与项目相关的信息、设计解决方案结合课堂知识去实施项目。整个过程到最终对项目的评价，学生都需要参与其中，有助于学生实现知识内化，达成学习目标。

3. 教学资源整合

基于OBE理念的大学英语教学模式强调扩大机会，根据学生的特点和需要为学生组织丰富的教学活动、提供优质的教学资源。教学资源有利于教学活动顺利开展，激发学生学习动力，助力高效率达成大学英语课程学习目标。在大学英语教学模式实践过程中，可以给学生提供以下教学资源。

（1）可视化学习资源。可视化学习资源包括微课、视频等。可视化教学资源时长需控制在学生有效的学习时间内，最好辅以动画片段，以激发学生的学习兴趣。

（2）课程教学课件。PPT为学习过程中重要的学习资源，它既可以在课堂上辅助教师讲解新的知识，也可以帮助学生课后及时对知识进行梳理与巩固学习。在大学英语教学活动实施过程中，当学生遇到疑难时，也可以通过大学英语教学PPT查找答案。一个好的大学英语教学PPT能使学生对大学英语知识的掌握更具逻辑性与系统性。

（3）其他教学资源。除了上述教学资源，还可以准备与大学英语课程教学方法、教学需要相对应的一些大学英语教学文件，如课程任务的任务单、评分表、文档资料、练习题等。

三、大学英语产出导向法（POA）

（一）POA理念的内涵

产出导向法（Production-Oriented Approach，POA）是中国文秋芳教授提出的一种创新性的英语教育理念。产出导向法的核心提倡“以学习为核心，以提高学生的效率”，强调“学”与“用”相结合。[①]

① 文秋芳.“产出导向法”教学材料使用与评价理论框架[J].中国外语育，2017，10（2）：17-23+95-96.

产出导向法中的教学假设理论为实际教学课堂中的教学流程设计提供了理论支撑，而“输入促成假说”则提出了新的观点：恰当的输入能够提高学生的英语水平。“选择学习假说”的真正含义是：从学生的实际需求出发，选择对产生结果有利的教材，以节约时间，达到较好的学习结果；“以评促学假设”则倡导在教师的指导下，通过学生的自我评价、学生之间的同伴互评以及师生合作评价，对学生的学习情况进行深入分析。有学者认为产出导向法的教学理念由三种学说构成。三种学说分别关于学习重点、学习目标与学习意义。产出导向法的核心教学理念是促进学生的学用一体，让学生学会使用所学的知识，做到学有所用，从而让学生各个方面的能力都能得到有效的提升与全面的发展。①

“教学理念”“教学假设”必须借助“教学流程”来实现。在这一过程中，教师起着重要的媒介作用。“驱动”由三个部分组成：教师对交流情景的解释；学生的努力产生；教师提出了课程目的，并布置学生作业。“促成”的过程中，有三个部分：教师对输出任务进行了明确描述；学生有选择地进行学习，教师对其进行密切关注，及时给予指导；在小组活动中，学生完成自己的测试内容，教师对结果进行评价。“评价”可以分为“即时评价”和“延时评价”两种。即时评价指的是在学生进行学习和输出的过程中，教师对学生目前所达到学习效果做出的评价，这可以帮助教师对教学进度和方法作出相应的调整。延时评价就是学生在教师的引导下，经过一段时间练习，将练习结果提交给教师，由教师进行评价。

（二）大学英语POA教学模式的实施

根据以上实验及数据的分析结果，结合POA的理论基础，下面将阐述如何形成POA理论指导大学英语教学。

1. 驱动环节

第一个部分是“呈现交际场景”。教师需要运用自身的创意和语言、视

---

① 邵荣青.基于产出导向法的大学英语词汇混合式教学设计[J].英语广场，2022（21）：106-109.

频、图片等媒介让学生体会到真实的交际情境，这就要求教师在课前深入了解学生的兴趣和需求，搜集合适的驱动材料，用大量的输入来激发学生的好奇心或者激活学生的相关背景知识。

第二个部分是“学生亲身体会”。教师呈现部分驱动材料之后给学生安排一定的输出任务，如回答问题、分享趣事等，让学生运用自己的英语知识完成交际任务。在此过程中让学生意识到自己对相关英语知识的匮乏，从而激发学生的求知欲。

第三个部分是“教师说明教学目标和产出任务”。需要注意的是，英语教学目标一定是要为交际服务的，着重关注解决英语学习中“学用分离”的问题。

2. 促成环节

第一步需要教师描述产出任务，让学生对本节课的学习目标和任务目标有清晰的认知，教师需要告诉学生本节课的学习目标。

第二步是学生进行选择性学习，自主选择产出任务所需要的输入材料，教师起到支架作用，在学生完成任务的过程中进行指点，鼓励学生进行富有个性的自我表达。这一步是学生将语言形式与意义和使用结合起来至为关键的一步，整个过程中，教师都要及时对学生的产出结果和使用的准确性进行检查，以掌握学生的学习效果。

第三步是产出练习与检查，教师要注意产出任务的循序渐进以及检查的及时性，充分了解学生是否具备完成产出任务的能力，能否充分理解英语规则、准确运用英语。

在促成环节，教师尤其要注意学习中心原则，学习前期，教师起到支架作用，不能对学生的学习进行过度干涉，但是也不能完全不指导。如果后期有高水平的学生能够掌握相应的学习方法，教师可以将脚手架的角色交给他们，并鼓励学生自己寻找或者补充输入性材料，给予学生自主探究学习的空间。

3. 评价环节

评价分为即时评价和延时评价，即时评价是对促成环节中学生的产出任务进行评价，教师对产出作业进行有针对性和差异化的评价与指导。即时评价既能帮助学生了解自己的劣势与优势，也能帮助教师调整教学进度，掌控教学效果。延时评价指教师给学生布置课后作业，学生在课外完成之后交给教师进行评价，让教师检验学生一整节课的学习成果，也能帮助教师进行反思，改进下一堂课的教学。同时，延时评价分为复习性产出和迁移性产出，这就要求教师掌握学生的水平，布置分层作业。复习性产出要求学生运用课堂上学到的知识完成课后练习题，迁移性产出要求语言水平高的学生完成高难度的作业。另外，评价环节需注意评价的结果要实现合作共赢的目的，师生共同学习评价标准，在评价时采用教师评价、自主评价、生生互评等多种评价方式，以确保评价的针对性与差异性。让评价者和被评价者共同受益，让学生从自己同伴的产出任务结果中，学会如何学习英语知识，深入理解语法规则，改进自己的学习方式和产出结果。

此外，POA理论指导下的大学英语教学需要因教师、教学对象而异，如何选择驱动材料，如何设置产出任务，如何设置分层作业，都基于教师对学生的了解，对教师创新能力、支架作用的要求尤为突出。根据文字阐述，生成以下基于POA理论的大学英语翻转课堂教学模式流程图，如图2-3所示。

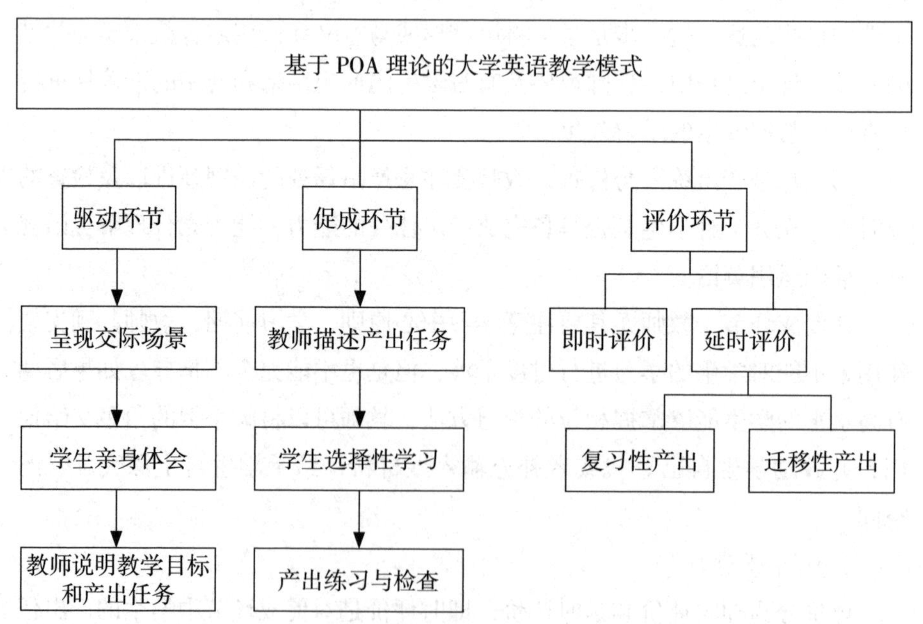

图2-3　基于 POA 理论的大学英语教学模式

第二节　大学英语课堂教学的网络模式

一、微课教学模式

（一）微课教学的内涵

微课教学是一种以视频为主要载体，记录教师围绕某个知识点或教学环节开展的简短、完整的教学活动。它具有时间短、内容精练、知识点突出等特点，能够满足学习者随时随地学习的需求。

微课教学的基本特点包括以下几方面。

1. 教学时间较短

根据学生的认知特点和学习规律，微课的时长一般设置为5~8分钟，最长不宜超过20分钟。

2. 教学内容较少

为了突出课堂教学中的重难点、疑点内容，或是反映课堂中某个教学环节、教学主题，通常把传统一节课要完成的众多教学内容，分成多段，从中选取一个进行微课教学。

3. 资源容量较小

根据认知负荷理论，学习者在工作记忆中进行加工信息的能力是有限的。微课视频的时长一般控制在5~8分钟，最长不超过10分钟，相对于40~45分钟的常规课堂讲授，微课的学习内容是经过高度浓缩的，因此学习资源容量相对较小。

（二）大学英语教学中微课的实施策略

大学英语微课教学的组织与实施过程可分为以下三个阶段。

1. 课前准备

课前准备工作的好坏直接反映教师的内容编制技能，准备阶段的工作主要包括对教学内容的选取、对教学目标的确定、对教学策略的制定、对教学顺序的安排及对教学器材的摆放等内容。选取教学内容时一定要有明确的主题，对某一个或少数几个选定的问题集中进行说明，这样才能体现出大学英语教学的目的性、计划性，才能使教学目标发挥引领作用。

2. 课中教学

（1）课程导入。微课时间较短，在有限的时间内尽可能用新颖的方法引出课题，这样才能在短时间内吸引学生的注意力，使其在接下来的时间里集中精力进行深度学习。这一环节用时较少。

（2）正式进入教学活动。教学活动是主体部分，以解决一个技术问题为主线，教师的讲解要简短精练，留出让学生自主练习的时间，教师在旁边巧妙启发、积极引导。

（3）课后小结。课堂小结是对教学内容要点的归纳及整个教学的总结。课堂小结贵在“精”，要起到画龙点睛的作用，不要做不必要的总结，以免画蛇添足。

3. 课后反思

教学探究和解决问题是课后反思的基本立足点。反思的要点有两个，即教和学，通过反思来检验目标的合理性与达成情况，根据现实问题来提出解决方案与改进建议。

二、慕课教学模式

（一）慕课的内涵

慕课是一种在线教育形式，它不仅提供了免费的课程资源，还具有与传统课程类似的作业评估体系和考核方式。慕课是网络教学形式之一，它的发展可以追溯到十几年前的在线教育系统，慕课在近年来得到了快速发展和广泛关注。

与传统课程相比，慕课具有一些独特的优势。首先，慕课打破了时间和空间的限制，让学生可以随时随地的学习。其次，慕课提供了更加灵活的学习方式，学生可以根据自己的需求和兴趣，选择不同的课程和学习内容。此外，慕课还具有更加丰富的教学资源和学习资源，可以帮助学生更好地了解和掌握知识。

当然，慕课也存在一些挑战和问题。例如，由于学生分布在世界各地，学习背景和语言文化存在差异，这给教学和交流带来了一定的困难。此外，由于学生缺乏面对面的交流和互动，可能会导致学习效果不够理想。

总之，慕课是一种非常有价值的在线教育形式，它不仅可以提供免费的优质教育资源，还可以帮助学生提高自己的技能和能力。随着技术的不断发展和普及，相信慕课在未来会有更加广泛的应用和发展。

（二）大学英语教学中慕课的实施策略

1. 构建多层次的慕课课程

慕课教学模式冲击着传统的英语教学，尤其针对传统的英语教学模式单一的情况。从师资力量上说，传统的师资力量比较薄弱，教师资源非常有限，导致很多课程的讲授都并没有针对性。但是相比之下，英语慕课教学基于学生的兴趣和积极性来设置课程，这使学生学习英语的动力明显提升，从而不断提升他们深度学习的效率与质量。

2. 采用多种教学方式展开慕课教学

虽然很多学校都要求进行英语教学改革，在上课方式上也不再是单一的手段，但是在教授方式上还是过多倾向于知识点的讲述。即便是将多媒体手段融入其中，也多是课堂讲授的辅助手段，因此只是将传统的板书形式替代成了现在的多媒体形式。相比之下，英语慕课教学模式更为多样化，学生即便不在学校之内，也能够通过网络获取知识。

3. 展开多渠道考核学生的慕课学习情况

在慕课教学模式下，英语教学中设置了多渠道的考核手段。如果仅是传统的笔试考试或者论文写作，那么很难将学生的实际能力检测出来。但是，在英语慕课教学模式下，可以进行个性化的考核，这样的考核可以将学生的积极性激发出来，从而为下一阶段学习的开展做准备。

三、翻转课堂教学模式

（一）翻转课堂教学的内涵

翻转课堂是指重新调整课堂内外的时间，将学习的决定权从教师转移给学生。基于这种教学模式，在课堂内的宝贵时间，学生能够更专注基于项目的学习，共同研究解决问题，从而获得更深层次的理解。

翻转课堂基本模式主要包含以下内容。

1. 任务导学

教师根据教学目标，精心设计预习和复习的任务，以引导学生进行课外的自主学习。通过设定明确的目标和路径，教师可以帮助学生更好地理解课程内容，并为课堂上的互动和讨论做准备。

2. 视频助学

教师根据教学大纲的要求，将知识点进行细致的划分，然后进行微课的设计和录制。这些视频通常的时长为5～15分钟，涵盖了三种不同的类型。

第一种类型是新知学习视频，主要用于学生在新课前进行预习。教师通过问题引导的方式，帮助学生了解即将学习的内容，并布置相关的预习任务，为课堂上的深入学习做准备。

第二种类型是复习视频，主要用于学生在复习课前进行知识点的总结和梳理。通过回顾和总结之前学过的内容，学生可以巩固所学知识，并为课堂上的复习和讨论做准备。

第三种类型是易错点学习视频，这类视频针对学生在课堂练习或考试中容易出错的难点进行解析。通过分析出错原因和纠正方法，帮助学生自主反思和提升，避免在以后的学习中再次出错。

3. 习题测学

教师定期发布在线习题，用以检测学生通过视频助学的学习效果。这些习题与学生的学习进度同步，以章节为单位，以便于学生进行及时的自我检测。每个章节结束时，再进行一次验收测试，以便于对比学生在不同阶段对知识的掌握程度。通过这种方式，学生可以及时了解自己的学习状况，发现并纠正理解上的偏差，同时也可以加深对知识的理解和记忆。

4. 活动与互动

根据不同的教学内容和学生能力发展的目标，教师可以设计各种不同形式的小组合作学习活动，以满足学生的需求和激发他们的学习兴趣。这些活动形式灵活多变，可以包括小组讨论、角色扮演、案例分析、团队项目等。通过小组合作学习，学生可以在互动中互相学习、互相帮助，以提高团队协作和解决问题的能力。

5. 反馈评学

通过这种方式，翻转课堂实现了课外教学和课内教学的有机衔接和相互促进。教师可以更好地了解学生的学习需求和困难，及时调整教学策略和方法，提高教学效果。同时也可以帮助学生更好地掌握知识和技能，促进他们的全面发展。

6. 合作共学

首先，教师可以根据学生的特点和需求进行合理的分组，使不同类型的学生能够相互搭配和互相补充。同时，在小组内进行明确的分工，让每名学生都能够承担一定的任务和责任，这样可以培养学生的责任感和团队合作意识。

其次，教师可以通过制定过程监控策略，及时掌握学生的学习情况和进度。通过及时给予指导和帮助，可以帮助学生克服困难，提高学习效果。

最后，教师可以通过组织小组内的交流和讨论活动，鼓励学生相互学习和分享经验，促进小组内的共学互助。同时，教师也可以根据学生的学习情况进行评价和反馈，及时表彰优秀的小组和个人，激励更多的学生积极参与小组合作学习和讨论。

7. 竞争检测

在翻转课堂中，学生通过课前观看教学视频和完成预习任务，自主掌握学习进度和节奏，将知识传授过程从课堂转移到了课前。课堂上则主要进行知识内化，包括小组讨论、互动交流、答疑解惑等，以深化学生对知识的理解和应用。

这种教学模式使师生角色发生了显著变化。在翻转课堂中，学生成为学习的主体，积极参与预习、课堂讨论和互动等活动，对自己的学习负责，而教师的角色转变为学生学习的指导者。

此外，翻转课堂重新规划了课堂时间的安排，改变了传统教学模式中以教师讲授为主的策略。在翻转课堂中，课前预习和课堂讨论的时间比例可以根据实际情况灵活调整。课堂上不再是一味地听讲，而是更加注重学生的参与和互动，给予学生更多的思考和实践机会。

（二）大学英语教学中翻转课堂的实施策略

翻转课堂教学的教学步骤具体如下。

1. 课前准备阶段

（1）教师活动

①分析教学目标。在翻转课堂中，教学目标的明确非常重要。教师可以根据学生的实际情况和教学目标，结合教学内容和视频内容，制定具体的学习任务和作业，以帮助学生更好地理解和掌握学习内容。同时，教师还可以根据学生的学习情况及时调整教学策略和方法，以提高学生的学习效果。

②制作教学视频。

第一，确定教学目标。在制作教学视频之前，需要明确每一节课或每个单元的教学目标，以确保视频内容与教学目标相符合。

第二，做好视频录制。录制教学视频时，需要注意以下几点。

内容要简洁明了：录制视频时要确保内容简洁明了，重点突出，避免冗长和无关的内容。

讲解要生动有趣：讲解时要注意语速适中，语言生动有趣，尽可能地吸引学生的注意力。

演示要清晰明了：演示操作时要清晰明了、注意细节，确保学生能够清楚地了解操作流程。

第三，做好视频编辑。在录制好视频后，需要进行剪辑和编辑，以确保视频的质量和效果。教师可以利用视频编辑软件进行剪辑和编辑，包括剪辑掉冗余的部分、加入字幕、调整音量等。

第四，做好视频发布。在完成视频制作后，需要将视频发布到学生可以访问的地方，以便学生观看。教师可以将视频上传到学校网站、班级群等地方，也可以将视频刻录成光盘或U盘发放给学生。

（2）学生活动

①观看教学视频。教师制作教学视频可以帮助学生更方便地进行学习。对于学习速度快的学生，他们可以快速地观看视频，而对于学习进度慢的学生，可以根据自己的实际情况让视频停顿，以便更好地理解和掌握知识。

②做适量练习。学生观看完教学视频后，需要完成教师布置的具有针对性的课堂练习，以便更好地调整教学策略和方法。这些练习可以是针对视频中所学知识的巩固和提高，也可以是引导学生从旧知识向新知识过渡的桥梁。通过完成练习，学生可以加深自己对视频内容的理解和掌握，同时也可以发现自己的不足之处，及时进行弥补和提高。

2. 课中教学活动设计阶段

（1）确定问题，交流解疑

在开始阶段，教师需要针对学生观看的视频和通过网络交流平台反映出来的问题进行解答和引导，这有助于及时解决学生在学习过程中遇到的问题，帮助他们更好地理解和掌握知识。

学生通过观看教学视频，可以自主安排学习时间和地点，根据自己的学习节奏和方式进行学习，这样可以提高学生的学习积极性和自主性。同时，学生在观看视频的过程中，可以随时暂停、重播或做笔记，以便更好地理解和记忆知识。

通过网络交流平台，学生可以与教师和同学进行探讨和交流，这有助于促进他们的思维能力和合作学习能力的发展。学生可以提出自己的疑惑点，与他人进行讨论和交流，这样可以激发他们的学习兴趣和热情，同时也可以帮助他们更好地理解和掌握知识。此外，学生还可以通过交流平台与其他同学进行合作学习，共同解决问题，以提高学习效果。

（2）独立探索，完成作业

在翻转课堂中，学生需要独立完成教师布置的作业和科学实验。这可以促使学生进行自主思考、自我管理、自我决策等，从而进一步促进他们自主学习能力的发展。通过这种方式，学生不仅能获取知识，更重要的是能掌握如何学习的能力，这是他们终身学习和未来发展的重要基础。

在独立完成作业的过程中，学生需要审视自己的理解知识的角度，建构知识的结构，完成知识的进一步学习。这不仅需要学生具备一定的自我认知和知识管理能力，还需要他们能够自主地规划学习路径、安排学习时间、整理学习笔记等。这些都是独立学习能力的核心要素，对于学生的自我发展和成长至关重要。

通过逐渐积累独立学习的经验，学生可以在独立学习中构建自己的知识体系。这是一个从被动学习到主动学习的转变，也是学生逐渐成为自我学习的主人的过程。这样的经验不仅有助于学生在学校的学习，也将对他们的一生发展产生深远影响。

（3）合作交流，深度内化

在翻转课堂中，学生通常被分成小组进行合作学习，这种小组形式有助于学生之间的交流和互动。通过独立探索阶段的学习，学生可以与同伴分享自己对知识的理解，这种合作学习方式可以实现交往学习，让学生在与他人的对话、交流、讨论等学习活动中开展学习。这种合作学习方式有很多益处。

首先，它可以促进学生的交往能力、合作能力和自我认知的发展。在小组合作中，学生需要学会与他人交流、讨论、协商和解决问题，这可以锻炼他们的沟通能力和合作技巧。同时，通过与他人的互动和交流，学生可以更好地认识自己，了解自己的优点和不足，从而促进他们自我认知的发展。

其次，它可以帮助学生更好地理解和掌握知识。在小组讨论中，学生可以就自己不懂的问题向同伴请教，同时也可以帮助其他同学解决问题。这种互相帮助、互相学习的过程可以加深学生对知识的理解和记忆，从而提高他们的学习效果。

此外，小组合作还可以培养学生的创新思维和批判性思维。在小组讨论中，学生需要就问题进行深入的思考和分析，提出自己的观点和见解，同时也要对他人的观点进行评判。这种思维过程可以帮助学生发展自己的创新思维和批判性思维，提高自己解决问题的能力。

（4）成果展示，分享交流

在翻转课堂中，学生在经过独立探索和合作交流后，通常会取得个人成果或小组成果。这些成果可以通过多种活动进行展示和交流，如报告会、展示会、辩论赛或小型比赛等。在这些活动中，学生可以分享自己的学习心得和体会，从而促进更深层次的学习和理解。

在交流中，学生可以学习到其他学生或小组的优点和长处，明确自己的优势与不足。这种互相学习和借鉴的过程可以帮助学生更好地认识自己，发现自己的潜能，同时也可以促进他们自我反思能力和自我管理能力的发展。

此外，通过展示自己的成果和听取他人的成果展示，学生可以锻炼自己的表达和沟通能力。他们需要清晰地阐述自己的观点和想法，同时也要学会倾听他人的观点和意见。

第三节　大学英语课堂教学的现状

一、过于重视英语四级的考试

因为教学理念的陈旧，教师仍以完成考试为目标进行英语教学，这样的学习难以让学生对英语产生根本的兴趣。对于英语知识的教授也被条条框框制约着，教学内容始终围绕着四级考试开展，在学生面向社会进行工作后，始终不能摆脱四级考试带来的框架束缚。

在这样的制约下，教师在进行知识传播的时候往往只是自己唱独角戏，整个课堂只有教师这一个主角，学生成为捡拾知识的旁观者。在阶段性的教学结束后，教师往往会给学生布置作业，而这些作业可能是英语习题，也可能是背诵单词和英语文章之类的。很难有学生会想到去找一个会英语的人面对面地进行交流，只能自己一个人进行英语实战，这就导致了很多学生在英语的学习上什么都懂但是无法交流，也就是所谓的“聋哑英语”。

大多数学生为自己过了英语四级而喜悦，或是因为没有通过而垂头丧气。他们完全忘记了学习英语是为了在社会竞争中可以有自己的独特之处。对于英语掌握的程度完全只为了应付考试，根本达不到用人单位的日常交流效果，这就是传统教育模式下我国对大学英语的根本误区。以四级为核心的教学方式完全无法满足社会对于大学生英语的要求，导致很多在大学考试中英语成绩优异的学生，到了社会上却完全不敢和别人提起自己会英语这件事。

二、学生成绩参差不齐，教师难以进行补差补缺

在大学课堂上，学或不学完全取决于学生自己的自觉性。有些学生在高中时期英语基础就非常薄弱，本想着到了大学可以根据自己的努力将差的地方补回来，但在面对一个课堂六七十人的情况下，难以向教师提出问题，这也就导致学生的不足很难被全面的纠正。对于教师来说，一个课堂六七十人，就意味着无法回答所有同学的疑问，在教学上显得非常力不从心。又执着于对四六级的重视，这就导致很多学生在大学英语课堂上对英语失去了兴趣，越来越多的重点知识进度跟不上，自己的成绩变差的同时心情也变得烦躁，对英语的学习欲望就更低了。

在英语课堂上，本身最重要的交流就已经被淹没了，英语基础薄弱的学生连提问的机会都很少得到，那么对于他们来说英语四级就成为难以逾越的鸿沟，在这样的条件下，一大批的学生对英语失去了兴趣。

第三章

大学英语课堂词汇、语法教学与促学评价研究

对于大学英语教学而言，词汇与语法知识的重要性是不言而喻的。学生想要学习好英语并准确展开交际，就需要充分掌握词汇与语法知识。教师在大学英语教学过程中，需要引导学生通过一定的词汇记忆策略来学习英语词汇，最大可能地扩充自己的词汇量，如此才能打下扎实的英语基础。而英语语法的学习相对而言比较枯燥，学生更需要付出较大的努力。本章重点研究大学英语课程词汇、语法教学与促学评价的相关内容。

第一节　大学英语课堂词汇与语法教学概述

一、大学英语课堂词汇教学

“虽有嘉肴，弗食不知其旨也；虽有至道，弗学不知其善也。”（《学记》）不同于自学，教学有其不同寻常的意义，它是学生获得和巩固知识及技能的重要途径，是学生发展智力能力和培养品德的必要环节。在课堂教学中，各个教学活动以及活动的各个环节之间存在着内在联系。教学模式则反映着这种联系，它是一种教学程序，并作为一种外在载体将教学内容和教学目的付诸实践，具有优化教学实践、提高教学质量的作用。因此，对教学模式的探索和实践在提高教师的教学效果和学生的学习效果方面都十分重要。

英语作为语言学习者的第二语言，通常是为了运用英语进行交流。研究表明，尽快掌握2000～3000个最常见的单词，对于语言学习者用英语进行口头和书面交流至关重要。根据《中国英语能力等级量表》，中国英语学习者和使用者的英语能力包括语言理解能力、语言表达能力、语用能力、语言知识、翻译能力和语言使用策略等，其中语言知识包括组构知识和语用知识。组构知识中的语法知识则包括语音系统和书写形式知识、词汇知识和句法知识。可见，词汇知识是测量中国英语学习者和使用者英语能力不可或缺的基本要素。那么，在英语教学中，词汇教学则是不可忽略的基本环节。语言知识作为课程内容的六要素之一，包括语音知识、词汇知识、语法知识、语篇知识和语用知识五类知识。因此，探索和开发有效的词汇教学模式对学生打好语言基础、提升语言能力、培养核心素养有重大意义。

二、大学英语课堂语法教学

语法教学的价值问题几十年来一直是教学界争论的焦点，大多数语言研究者都认为语法教学是非常必要的。

厄尔（Ur，1996）在其著作里面题为“教学语法”的章节中有关于“呈现和解释语法”和“语法练习活动”的部分。①

赫奇（Hedge，2000）在其著作里面名为“语法”的一章中同样只考虑了“呈现语法”和“练习语法”。这构成了语法教学的一个过于狭隘的定义。可以看出，传统语法教学将语法结构的呈现和实践相分离。②

辛克尔和福托斯（Hinkel & Fotos，2002）认为语法教学可以提高学习者的熟练程度和准确性，使其语法系统更容易内化，在交际和互动活动的形式下进行显性语法教学的优点之一是在学习者已经知道的基础上规划任务和课程。③

索思伯里（Thornbury，2003）将语法教学描述为“按照语法教学大纲进行教学，并使用语法术语明确表达语法规则”。但这种对语法教学的理解在某种程度上使课堂上充满了讲解和练习。④

埃利斯（2006）对语法教学进行了一个相对宽泛的定义：语法教学涉及任何教学技能，这种教学技能可以让学生关注某种特定的语法形式，从而帮助他们从元语言上理解它或在理解中处理它，从而使他们能够将其内化。⑤

拉森·弗里曼（Larsen Freeman，2015）声称给学生一个语法规则并要

---

① Ur，P. A *Course in Language Teaching*：*Practice and Theory*[M]. Cambridge：Cambridge University Press，1996：56.

② Hedge，T. *Teaching and Learning in the Language Classroom*[M].Oxford：Oxford University Press，2000：157−158.

③ Hinkel，E. & Fotos，S. *New Perspectives on Grammar Teaching in Second Language Classrooms*[M]. Mahwah，NJ：Lawrence Erlbaum，2002：234.

④ Thornbury，Scott. *How to Teach Grammar*[M]. Beijing：World Knowledge Press，2003：52.

⑤ Ellis，R. Current issues in the teaching of grammar：An SLA perspective[J]. *TESOL Quarterly*，2006（7）：84.

求他们应用它是语法教学的一种方式。[①]这与Ellis的观点非常相似。

教师需要拓展语法的定义，并且将教学思路打开，从语法只能通过背诵记忆来学习的想法中解放出来。要充分发挥教师的创新能力，设计丰富的课堂活动，而不是让学生死记硬背。

语法教学是教师通过课堂教学活动向学生传授语法构成规则，让学生获得语法知识，并以此为基础培养学生听、说、读、写、译等技能的语言教学活动。语法教学是英语教学中的重要部分，语法教学在英语教学中必不可少。在教授语法时，教师通常会使用不同的语法教学方法和策略来达到让学生理解和使用语法知识的目的。

第二节　大学英语课堂词汇与语法教学的原则

一、大学英语课堂词汇教学的原则

根据英语词汇系统的特点、英语教学的规律和特点及语言学习的目的，英语词汇教学应遵循以下原则。

（一）时间—效益原则

张博（2018）提出，英语教学应以时间—效益原则为基本准则。[②]所谓

---

① 徐晓燕，徐露明.英语专业学生英语语法能力的变化和发展[J].外语教学理论与实践，2009（3）：1-14+34.

② 张博.提高汉语第二语言词汇教学效率的两个前提[J].世界汉语教学，2018，32（2）：241-255.

时间—效益原则，简言之，就是以提高词汇教学的效率为目标，判断词汇教学能否在短时间内获得最大的教学效果。时间—效益原则用以衡量特定的词汇教学法，需要教师花费多少准备时间，需要学习者用多少时间，教学效益与教学时间是否相称。大纲规定的词汇量远远高于语法点项目的数量，特别是在中高级阶段的教学中，一篇课文高达50甚至100余个词汇。如何在有限的教学时间中获得最大的词汇教学效益，秉承时间—效益原则为教师选用合适高效的教学方法提供了评判标准。

（二）词不离句原则

词汇的学习离不开具体的语境和句子。教学中，要让学生在句子（短语）中了解词汇的含义，把握词汇的用法，要铺垫好词汇可能出现的语境，语境可以帮助学生加深对词汇的意义及典型搭配的理解。许多教师在实际教学中也发现，在语境中学习词汇的效果要比在无语境的条件下好，因此一定要多给学生展示典型的例句。

二、大学英语课堂语法教学的原则

在英语语法教学中，呈现有意义的语言材料，不仅能吸引学生的注意力，培养学生的兴趣，而且能让学生快速进入学习状态，为英语教学效果提供有力保障。所以，教师在呈现有意义的语言材料时，应从语言材料原则的遵循、语言材料类型的选择、语言材料活动的实施三个方面进行教学设计。选择有意义的语言材料应该遵循以下原则。

（一）精讲多练原则

精讲多练原则是英语教学应当遵循的最基本、最重要的原则，在英语语法教学中贯彻精讲多练原则尤为重要。众所周知，就各个语言要素而言，语法的学习最受学习者重视。在课堂教学中，教师也会拿出相当多的时间，花费相当大的精力进行语法讲授。由于语法往往比较复杂，此时切记教师不要说得过多，其实只要设计得当，很多时候不需要教师过多讲解，学生就能在语境中明白。一般来说，“讲”和“练”的比例控制在3：7较为合适。

（二）趣味性原则

大学生自我约束力有所欠缺，对于一切新的事物都充满好奇。英语语法对于学生来说既新鲜又抽象，学生不论是从理解上还是从认知上，都有较大的难度。再加上英语学习是一个长期的过程，如果教师所提供的语言材料枯燥乏味，没有趣味性、生动性，学生就容易对语法产生消极的心理，丧失对语法学习的积极性，甚至产生排斥感。所以，教师在进行教学设计时，要充分考虑学生的心理和生理因素，增强语言材料的趣味性，做到寓教于乐，让学生在愉快的氛围中感受英语语法，增加对英语语法学习的兴趣和信心。

（三）相关性原则

语言材料的相关性是指教师在进行教学设计时，对语言材料的选择要有所要求，不能因为要吸引学生的注意，培养学生的兴趣爱好，就忽略语言材料和本节英语语法课之间的联系。一个高质量的教学设计，其中的教学步骤一定是环环相扣的。语言材料和教学内容之间缺乏关联，必定会使教学内容过于冗杂，毫无主次轻重之分。所以，语言材料要有意义，与教学内容要有相关性，不能天马行空。

（四）真实性原则

语言与生活息息相关，脱离了真实语境的语言材料，不仅阻碍学生对语言知识的理解，甚至会使学生产生对语言学习的排斥心理。因此，教师在选择语言材料时，不仅要考虑学生的语言水平，而且要考虑学生的真实生活背景，从学生熟悉的生活场景中选择合适的语言材料。只有这样才能与学生产生共鸣，激发学生的求知欲望，让学生的语言学习源于生活，用于生活。

（五）适度性原则

人的记忆力是有限的，过多的语言材料会分散学生的注意力，过少的语言材料又不能达到教学的效果。美国著名心理学家米勒（Miller）于1994年在其发表的研究报告《神奇的数字7±2：我们信息加工能力的局限》中指明：人的记忆容量为7±2个组块，使记忆的保持时间在无复述的情况下只有5~20秒，最长也不超过1分钟。所以，教师在进行教学设计时，不宜设计较多的语言材料内容，课堂导入时间不宜过长，且应遵从学生的实际学习水平和认知发展规律，做到难度适中、内容适度。

（六）操作性原则

在英语语法教学中，教师要始终坚持以实践为目的的语法教学。也就是说，在语法教学中，要坚持操作性的原则。特别是在初级阶段的语法教学中，操作性原则显得尤其重要。在语法教学中，教师要将操作性原则贯穿于语法教学始终，突出操作训练环节，尽量弱化语法规则的讲解。

首先，在语法学习的初级阶段，对课文、练习或学生在练习或作文中的病句进行有针对性的讲解，潜移默化地影响学生的语法学习。

其次，在语法学习的中高级阶段，适当加大语法规则讲解比重，提高学生英语语法的分析能力。

同时，要加强操作训练，让英语语法最终内化为一种稳固的语言能力。在这个阶段，教师要注意内容的准备和安排要尽量贴近学生实际生活，内容要尽量充分，将大量的日常句式放入练习中，让学生为以后的学习应用做充分的准备。

第三节　大学英语课堂词汇与语法教学的模式

一、大学英语课堂词汇教学的模式

（一）基于思维导图模式的英语课堂词汇教学

当前，伴随着社会快速发展，科学技术水平显著提高，各种先进技术层出不穷。这不仅改变了人们的生活和工作方式，并且还被应用到各个领域中，加快行业的发展步伐，取得显著的应用效果。将先进技术应用到英语教学工作中，可以改变教师的教学理念，调整教学方法，使其不再受到应试教育的影响。能够发现思维导图教学方法的优势，积极主动学习其教学流程，让学生能够深度学习英语词汇。与其他教学方法不同的是，思维导图教学方法能够显著提高学生的创新能力和思维能力，端正学生的学习态度，发现学习英语词汇的乐趣。从而增加师生互动次数，促使教师可以在核心素养背景下，培养高素质高水平的学生，满足社会对人才的要求。

在英语词汇学习过程中，科学合理地应用思维导图教学方法，能够充分激发学生的发散性思维，弥补传统教学方法存在的弊端。通过合理利用此种教学方法，不仅可以加深学生对单词的理解，还能扩大其英语知识面，丰富其英语词汇量，使其掌握更多的英语单词，为后期学习打下良好的基础，促进学生全面发展。

（二）基于交际模式的大学英语课堂词汇教学

如何提高教学质量是英语词汇教学的主要难点，而发挥交际活动的作用，可以快速解决这一问题，确保教学的有效性。实际教学过程中，教师若想显著提升学生的英语能力，实现深度学习，应从听、说、读、写、译五个方面培养学生。基于此，应在英语词汇教学过程中，将交际活动的作用充分体现出来，改变课堂教学氛围，拉近师生之间的距离。学生可以主动向教师阐述英语词汇学习中存在的问题，教师及时调整教学方案，有助于教学工作顺利进行，提高教学效果，教师还可以在规定时间内完成教学任务。

另外，教师还应适当调整教学方法，避免学生抵触英语学习，或者产生较大的学习压力。在英语教学过程中交际活动是伴随着情感交流所进行的。通过积极的情感交流能够提升学生的学习兴趣，培养学生的自信心，增强学生的创新意识与合作精神，在交流过程中要让每一名学生都参与其中。教师在布置活动任务后要及时针对性格内向、不善交际的学生提供适当的帮助和指导，缓解学生的焦虑情绪。可以将不同性格、不同学习基础的学生分为一组，发挥组内带动作用，让学生有更加广阔的交流空间。

二、大学英语课堂语法教学的模式

（一）基于互动教学模式的英语语法教学

1. 设计教学游戏，激发学习兴趣

在英语语法教学活动中，设计教学游戏是激发学生学习兴趣、培养学生学科爱好、集中学生注意力的有效策略之一。兴趣是最好的老师，在教学过程中，教师应以兴趣培养为主，在学生情绪饱满的状态下渗透语法知识。

设计教学游戏可以从课前情境导入、课堂巩固记忆和课后开放式游戏三方面入手。教师可以在讲课前根据课堂教学内容情境创设简单易操作的小游戏，如趣味问答、谜语等，既不占用大量时间，又能快速将话题引入学习内容中。教师可以在课堂上插入知识巩固游戏，在讲解过相关学习内容后进入游戏环节，利用游戏规则让学生集中精神倾听他人重复本课句式、语法词汇或自己反复朗读。学生通过游戏重复强调本课重点内容，可以形成牢固的记忆点。在游戏情境中，学生的情绪较为积极，记忆速度、学习效率均有所提升。就课后开放式游戏来说，教师可以将课堂上的游戏延续到课下，请同学们稍微改变游戏规则，不限制游戏人数，让同学们在课余时间积极参与英语游戏，在游戏中巩固知识。

2. 利用信息技术，深化知识理解

在英语语法教学活动中，利用信息技术辅助课堂，是深化学生对知识的理解、丰富课堂体验的有效策略之一。利用信息技术深化知识理解，可以从制作微课视频、播放精美课件、图片创设情境、音乐营造氛围等方面入手。

就制作微课视频来说，教师可以在课前准备微课视频，利用简洁凝炼的语言搭配和谐的动画，深化学生对单一知识点的理解，达到辅助课堂教学、深化学生学习体会的教育目的。就播放精美课件来说，教师可以利用课件的讲解进度推进课堂进程、把握教学环节。就图片创设情境来说，教师可以在讲解的同时在屏幕上播放相关插图，辅助学生理解。就音乐营造氛围来说，教师可以寻找与课堂内容相关的乐曲或背景音乐，带领学生进行音乐歌唱活动。

3. 强化专题训练，巩固知识记忆

在英语语法学习活动中，专题训练是帮助学生查漏补缺、检验学习成果、巩固知识记忆的有效策略之一。专题训练可以从预习题目、课堂作业、课后专题训练和复习专题训练四方面入手。

就预习题目来说，教师可以在学生预习环节给学生布置简单的题目，请学生尝试回答并将回答带入课堂，在听课过程中检验自己的回答是否正确，以此设置课堂疑问，调动学生学习兴趣。

就课堂作业来说，教师可以在完成课堂教学内容后为学生布置课堂检验作业，并总结学生常错题目进行重复教学，提升课堂学习效率。

就课后专题训练来说，教师可以设计多套针对不同考点、不同题型的专题训练，根据学生的个人作业完成情况布置适当的课后作业，巩固知识空缺。

就复习专题训练来说，教师可以定期为学生布置复习专题训练，将考点进行融合，以此提升学生的综合学习能力，巩固知识记忆。

4. 创造交流情境，强化语言能力

在英语语法学习活动中，创造交流情境是培养综合表达能力、强化语言能力的有效策略之一。语言能力可以笼统概括为口语表达能力和书面表达能力。就口语表达能力来说，教师可以通过小组对话、接龙对话、情境创设、角色扮演等方式，锻炼学生的口语表达能力，检验学生的语法掌握状态。教师可以将学生分成若干小组，请小组同学轮流利用课文进行对话，巩固知识记忆，培养英语语感，此活动可以集中锻炼学生的复述能力。教师可以请同学们进行对话接龙，设计造句规则，即兴发挥，在不违反语法规则的情况下畅所欲言，将对话以接龙的形式传递下去。此活动可以集中锻炼学生的造句能力。教师可以创设课文情境，请同学们扮演课文角色进行即兴表演，用英语进行对话，融合表演元素，适当夸张语气，活跃课堂氛围。此活动主要锻炼学生的临场发挥能力。在教师的引导下，学生的各项口语表达能力得到充分的锻炼。就书面表达能力来说，教师可以为学生布置填补对话式题目或开放式作文题目，立足整体观察学生的语言组织能力和词句应用能力，全面掌握学生语法学习情况。

（二）基于PACE模式的英语语法教学

语法知识是“形式—意义—使用”的统一体，与语音、词汇、语篇和语用等紧密相连，在语言的使用中，语法直接影响语言理解与表达的准确性和得体性。基于PACE模式，从呈现语言材料、注重语言形式、共建语法规则等维度出发，结合影响英语语法教学设计因素的分析，对英语的语法教学设计提出有针对性的对策与建议。旨在为语法教学设计提供理论指导，丰富当前英语语法教学设计的形式和内容，提高英语语法教学质量。

1. 呈现语言材料

（1）语言材料类型的选择

语言材料是语言信息的载体，能够分享传递、沟通交流。合理选择语言材料，通过让学生接触和体验不同的语言材料，从不同的角度去认识语言，以达到丰富学生语言知识储备，培养学生学习兴趣的目的。根据语言材料的类型，大致分为两类：一类是文本类语言材料，另一类是音视频类语言材料。

文本类语言材料的种类很多，包括英语教科书、新闻报刊、课外阅读、文章诗词等。音视频类语言材料，如流行歌曲、古典音乐、影视作品等。这些语言材料不论是从视觉上还是听觉上，都给人直观的感受。

（2）语言材料活动的实施

语言材料形式多样，不仅可以通过书面的形式表现出来，还可以通过活动的形式，向学生传递语言信息。为吸引学生注意，教师将有意义的语言材料融入活动中，如听唱歌曲、听讲故事、做运动、做实验等，通过视觉、嗅觉、听觉、味觉、触觉等，从感官上让学生在活动中感受语言所传递的信息，活跃课堂氛围，为后面的教学作铺垫。

2. 注重材料中的语言形式

注重材料中的语言形式，是指教师将学生的注意力从语言材料转移到语言形式上，即对语言材料中某一语法结构加以重视，其目的在于让学生在理解语言材料的基础上，发现语言规律。

学生的生理和心理正处于快速发展阶段，不仅活泼好动，而且对一切新生事物都充满好奇。教师要利用好这个契机，采用多种方式，突出语法特点，将学生的注意力从语言材料转移到语言形式上，为下一步教学的开展打好基础。教师转移学生注意力的方式多样，如教师可以通过布置相关的学习任务、设计相关的教学活动、用粗体或下划线标记关键词句、设计黑板板书、使用幻灯片或多媒体凸显相关的语法规则等方式来实现。教师在对学生的注意力进行引导转移时，应注意以下四点。

（1）学习任务主次分明

英语语法概念比较抽象，学生在英语语法学习的过程中注意力容易分散，这就要求教师在进行学习任务的布置时，要分清主次。布置学习任务的目的是让学生在完成每一项任务的过程中，强化学生对语言材料中语言形式的关注，即对英语语法知识点起到注意和强化的作用。

（2）教学活动设计合理

在语言教学中，教学活动是实现教学目标的重要手段，本环节的教学目标就是将学生的注意力从语言材料转移到语言形式上。想要达成教学目标，教师在进行教学活动设计时，要注意以下三点：一是教学活动的设计要符合当前学生的生理和心理特点，教师根据性别、兴趣爱好、认知水平等设计教学活动；二是教学活动要紧扣教材内容，不能偏离教材实际信息；三是教学活动要形式多样，教师通过不同形式的活动与学生互动，让学生积极参与。

（3）板书设计明了清晰

板书是英语课堂教学的有机组成部分，也是教师进行教学的重要辅助手段。明了清晰的板书设计有利于学生更加注重语言材料中的语言形式，帮助学生认识和理解英语语法内容。教师在进行板书设计时，要注意以下四点：一是浓缩语言形式内容，明确语言形式规范；二是理清语言材料思路，把握语言形式重点；三是揭示语言形式内在联系，掌握语言形式逻辑思维；四是总结语言形式规律，内化语言知识体系。

（4）多媒体使用适度得当

随着科学技术的发展，多媒体技术已经广泛地融入日常的教学中，多媒体技术具有智能性、集成性、交互性、扩展性等特点，使得英语教学变得丰富多彩。在课上，多媒体技术的融入扩大了语言信息的输入，满足了学生的求知欲望。多媒体技术的使用，不仅激发了学生的学习兴趣，启发了学生的想象力，而且还弥补了教师的不足，完善了课堂结构。但是，越来越多的教师开始过度依赖多媒体技术，从知识的传播者，变成幻灯片的播放者。内容繁多的电子课件，分散了学生的注意力，让学生难以将注意力集中在语言知识上。整齐划一的电子课件，不仅限制了学生的想象和情感体验，甚至阻碍了师生情感的交流。所以，如何适度地使用多媒体技术，值得教师深思。

3. 师生共建语法规则

师生共建语法规则，是基于建构主义学习理论中维果茨基的“最近发展区”观点，凸显学生的主体性，强调学生自我对学习的建构和发展。师生共建语法规则的过程，就是学生在教师的引领和同伴的帮助下，从“实际发展水平”范围跨越到“潜在发展水平”范围的过程。教学主体是学生，教师的任务不是去直接讲解语法知识，而是和学生合作，共同建构语法规则。教师在进行教学设计时应注意以下三点。

（1）教学出发点：以学生为中心

近年来，随着教师对语言和语言教学观念认识的加强，英语课堂中，教师“满堂灌”“一言堂”等情况有所改变。教师尝试采用谈话法、交际法、任务型教学法等，促进学生交际能力的提升。但是，受升学压力的影响，教师依旧青睐于“讲授”，将教学重点放在对知识的讲解和传授上，认为把英语知识点讲清楚、讲透彻，才是学生获得知识、提高能力的关键。维果茨基的最近发展区理论的提出，使人们意识到学生的知识和能力不是被教会的，而是学生在适当的辅助下，基于已掌握的知识和能力建构而成的。在英语课堂中，教学的出发点和归宿应该是学生。学生是英语课堂的体验者、探讨者、学习者、操练者、提问者、运用者。所以，教师在进行英语语法教学设计时，要以学生为中心，教学活动应该围绕学生进行，引导学生自我学习、自我建构、自我发展，这样才能使其真正成长。

（2）教学手段：支架式教学

在建构主义学习理论的框架中，基于维果茨基的最近发展区理念，伍德（Wood）、布鲁纳（Bruner）、罗斯（Ross）于20世纪50年代末提出了支架式教学概念，主要观点是以学习者为中心，充分发挥教师的主导作用，通过教师和学生，以及学生之间的互动，帮助学生解决他们无法独立解决的问题。另外，课堂上让学生之间互为支架，小组成员之间通过协作学习，使他们相互帮助从而共同进步。

教师在进行英语语法教学设计时，应采用支架式教学法搭建支架，通过提出相关的问题，引发学生对英语语法知识点的思考。在思考的过程中和学生进行讨论，从而帮助学生理解和辨析语法知识点，促进学生内化所学内容。最后教师和学生共同对所学的英语语法知识点进行归纳和总结，得出具有价值的结论，使学生能逐步地成长为独立自主的学习者。

（3）教学组织形式：合作式学习

师生合作学习是师生共建语法规则环节中主要的学习形式。学生可以通过与教师的互动学习英语语法知识，教师也可以通过与学生的沟通交流，明晰学生的不足，了解学生的发展情况，从而反思自己的教学，进一步改进教学方法。使学生的学习更具有时效性，使教师的教学更加完整高效。

教师在进行英语语法教学设计时，应摒弃以往的以教师为主体的传统教学理念，将教学主体由教师转变为学生，增加与学生的互动，加强和学生的沟通，促使学生在与教师的合作学习中对所学知识进行意义建构。充分体现学生在课堂学习中的合作者、参与者的主体地位。教师的教，与学生的学，二者相互促进、共同发展。

第四节　大学英语课堂词汇与语法教学促学评价的策略

一、大学英语课堂词汇教学促学评价的策略

（一）提升教师词汇教学促学评价的意识

1. 转变词汇教学观念

当前，大学生普遍忽视词汇学习策略的运用。为了帮助大学生掌握并理解词汇，进而激发他们学好英语的动机和兴趣，改善目前大学生英语词汇学习的状况，教师首先需要不断提升自身教学素养。教师要从根本上改变自己的教育理念，坚持以学生为中心，在词汇的教学中尊重学生的主体地位，做好学生的引路人，引导学生正确地运用学习策略，以期达到更好的词汇学习效果。

2. 改进词汇教学方法

在英语词汇教学过程中，教师应积极引导学生采用学习策略以增强词汇学习效果，这就要求教师要不断改进词汇教学方法，并引导学生发挥自己的主观能动性。学生只有在掌握了适当的学习策略后，才能在词汇学习中取得质的飞跃。因此，在英语词汇教学中，教师的职责包括向学生解释所学词汇的含义及最终学习目标，引导学生在词汇学习中确立正确的方向。

第一，教师应加强学生元认知策略的培养。在初始阶段，教师可帮助学生制定合适的词汇学习计划和目标，并引导学生对词汇学习内容开展自我规划、评价和总结反思。教师可以以单元为单位划分词汇的重点、难点，帮助学生确定本单元的词汇学习目标，并将其告知学生，让其能够以自己的实际能力为依据最终调整为适合自己的词汇学习目标。

第二，在词汇教学过程中应注意认知策略和资源管理策略的综合运用。当学生清楚自己的学习目标之后，教师应利用词汇分类方法、同源词以及词根词缀，让学生在有限学时内将自己词汇学习效果最大化。在课堂教学外，教师应该定期抽查学生之前所学词汇，督促学生定期复习所学词汇。此外，教师还可以将生活中的词汇与课堂教学相结合。

第三，教师可以利用已有资源，运用社会情感策略开展合作学习。教师可以将网络多媒体资源运用到教学活动中，然后将学生分成若干小组，针对某个话题，通过口语交际、学生演讲、辩论的形式，让学生展开讨论，开展合作式学习。因此，英语教材应适当加入有关学习策略的相关知识，以便让教师们能灵活地开展词汇教学活动。在词汇教学中，教师对词汇学习策略的指导相对较少。因此，教材中所涉及的学习策略能够帮助教师明确教学目标。

（二）学生应养成良好的词汇学习习惯

俗话说，“工欲善其事，必先利其器”。学生在学习词汇之前，掌握好适合自己的词汇学习策略是非常有必要的。

1. 树立正确的学习观念

词汇学习策略并不是“灵丹妙药”，它能帮助学生提高学习词汇的效率，但是不能代替词汇学习本身。很多同学好奇如果已经掌握了词汇学习策略，今后是不是可以不用花很多时间在词汇学习上。以上问题说明学生对词汇学习的认识中存在一定误区，认为掌握词汇学习策略之后就一定能够学好词汇。掌握词汇学习策略是学好词汇的先决条件，它和学习词汇之间没有明确的因果关系。也就是说，“某名学生因为掌握了词汇学习策略，所以他的词汇学习效果就一定会非常明显”这样的说法是不成立的。

首先，词汇学习要下苦功夫。词汇学习策略可以使词汇学习起到事半功倍的效果。这意味着学生在掌握词汇学习策略的前提下，自己还需要花时间将词汇学习策略投入到实践应用中。其次，词汇学习需要日积月累，循序渐进。学习贵在坚持，词汇学习不是一蹴而就的结果，而是需要学生十年如一日的坚持。所以，在平时的词汇学习中，教师有责任提醒学生坚持的重要性。最后，词汇学习策略的选用要适合自己的学习情况，并不是多多益善。词汇学习策略包含多个维度，每个维度下都细分成若干个学习方法。这并不意味着学生需要掌握每一个学习方法才能学好词汇。每名学生之间都存在个体差异性，所以学生需要充分认识到自己在词汇学习中的优势和劣势，并通过选用适合自己的学习策略去消除自己的劣势，展示自己的优势，达到高效学习的效果。

2. 强化内部的学习动机

兴趣是最好的老师。如果学生失去了学习新知识的兴趣，学习就会变成一项单调且乏味的任务。因此，在进行新的词汇或者策略的学习之前，学生的首要任务就是发挥主观能动性以充分激发自己的学习欲望，调动学习的积极性。激发自己的积极性，可以根据实际学习内容，通过观看视频、解疑等方式来展开。总而言之，充分地运用各种可以触及的方法，让自己能够以一种乐观的态度去面对挑战。

学生要运用不同的学习方式，激发自己对知识的渴望。当学生有了学习的兴趣和动机，才会产生认知内驱力，从而让自己投入到词汇学习的课堂中。另外，学习动机的最佳水平不是一成不变的，其依据任务的不同性质会有所改变。对于简单的词汇，学生的动机强度应该要高一些，学习效率可达到最佳水平；对于复杂的词汇，偏低的动机强度会让学习效果逐渐达到最佳。同时，每次的词汇学习应围绕一个主题展开，让学生围绕主题、有规律地认识新单词。

3. 运用适宜的学习方法

（1）利用感官记忆，提升学习效果

心理学认为，同时调动不同的感觉器官是增强记忆力的一个关键因素。在记单词时，学生需利用好多种感觉器官从而让自己的词汇学习进入到游刃有余的状态。将多种感官结合起来，不仅可以明显地提高学生的词汇记忆效果，而且还能增强学生的听、说、读、写、译能力，帮助学生解决“会认不会说”的问题。

所以，在词汇学习时，学生要注意利用眼睛和耳朵等感官的协同作用，通过多个感官对大脑的各个神经元进行刺激，这样才能获得最好的学习结果。第一，学生应该用耳朵多听且尽量保证自己能听清楚。优秀的教师在课堂上会尽可能多地用全英文教学或者播放音频，学生就需要借此机会养成听的习惯。课后，学生也可根据自己的兴趣选择英文歌曲或者观看美剧锻炼自己的听觉器官。第二，学生应该多用眼睛看，如阅读英文书籍、报纸、杂志等扩充自己的词汇量。俗话说得好，知识要广，但也不能过于贪婪，学生最重要的是要将知识融会贯通，内化成自己的东西。词汇学习从来都不是一蹴而就的，更多地是注重平时的积累。第三，学生要敢于张嘴念词汇、说英语。学生在自己张嘴说词汇时，可以用脑子将自己代入跟词汇相关的情景。此外，要勤查词典。在阅读英文文章时，遇到生词可先结合上下文来猜测词汇的意思，之后再去查词典来确定单词的含义，以便更好地理解单词的用法。毫无疑问，词汇学习不是一件容易的事，这更需要学生具备信心、恒心和决心。词汇学习过程中只有持之以恒，才能水到渠成。

（2）运用语义关系，培养学习策略

英语词汇在语义上主要分为四类，即同义关系、反义关系、多义关系、上下义关系。举例来说，反义关系就是通常所说的反义词，一些英语词汇在翻译成汉语时很难区分，也很容易混淆。比如说，英文词汇common和normal，翻译成中文时都有“正常的”的意思。因此，学生在实际运用的过程中就会不清楚在哪些情况下用common，哪些情况下使用normal。若利用反义关系就很容易分辨清楚，normal的反义词是abnormal（反常的、变态的），如“The weather here is abnormal.”（这里天气很反常）；而common的反义词则是rare（稀少的），大部分的学生利用词汇间的反义关系就可以清晰地辨别二者之间的区别。同义关系是说多个具有相同或者相近意义的词汇之间的联系。例如，big/huge/large三个词均有“大”的意思，但其含义略有不同。big比较口语化且经常使用，它强调比正常程度、范围及规模的标准大，常用于修饰具体的人或物；huge强调尺寸或者体积“庞大”，在容量和数量上“巨大”，若指体积时，比large所指的体积大，但不强调重量；large强调远远超过标准的“大”，可指数量、容量、体积和面积的“大”，比big正式，在非正式用语中可用big代替。所以，学生在学习词汇时，可以根据同义关系对语义相似或相似的词汇进行区分和归类，从而可以有效地促进词汇学习。

“语义”实际上反映了词汇的内在逻辑联系。因此，学生在使用正确的学习方法来构建自己的学习策略时，应该注意到词汇内在的关联，如上下位词、派生词等。学生需要明白英语词汇之间是有一定联系的，并非彼此孤立存在的。利用词汇之间的联系，学生在学习新词汇时，就会自然而然地激活已经储存在大脑中的记忆，再经过多次的再认和回忆，其词汇学习效果自然达到最佳。

（3）运用联想能力，增强记忆效果

学生想象力都比较丰富，在日常生活中，学生会不自觉地运用想象。然而，在词汇学习过程中，是否能够有意识地进行合理的想象决定了记忆效果的好坏。实际上，联想是有规律可循的，包括因果联想、对比联想等，如一个词汇的出现会导致另一个甚至另一些词汇的产生。在词汇学习过程中，学生可以从一个词汇开始联想，调动大脑中已有的信息。

（4）根据遗忘规律，有效组织复习

人类的脑袋是一座巨大的魔法宝库。人们所经历的一切、所发生的情绪、所学习的知识、所做的动作等，都会变成输入的信息。但是，这些输入的信息都属于短时的记忆，如若不能对它们进行快速地回顾，输入信息就会被忘记。然而，完整的记忆过程其实是由识记、保持、再认和回忆这三个部分组成的。假如，学生无法再认或无法重新回忆起来，抑或出现了错误的再认和回忆，则会导致他们所记住的内容被忘记，最终不会再出现在他们的脑海中。

按照复习时候所进行的具体安排，学生可以将复习划分成两种类型：集中复习和分散复习。集中复习指的是在一段时间内，将要回顾的内容连续、反复地进行回顾；分散复习指的是将所要复习的内容分成几个时间段分别复习。通过前人的研究发现，分散复习的效果优于集中复习的效果。因此，学生在开展词汇复习时，要养成分散复习的习惯，改变之前在考试前统一集中进行复习的习惯。有一点很重要，那就是分散复习的时间要适度。依据艾宾浩斯遗忘规律曲线，学生在进行复习时，应做到先密集再分散，复习次数由多到低逐渐递减。

二、大学英语课堂语法教学促学评价的策略

教学效果评价是依据教学目标对教学过程和教学结果进行价值判断，并为教学决策服务的活动。教学效果评价不仅可以评测学生核心素养的发展水平，促进学生全面、健康而有个性地发展，而且还可以为教师调整教学设计和教学方法提供依据和参考，为提升教学质量提供指导。

当前，在教学效果评价方面，教师大多采用终结性评价的方式，即采用考试的形式对学生的学习效果进行评价，教学效果评价方式较为单一。因此，下面从评价原则和评价方法两个方面对设计教学效果评价提出建议。

（一）教学效果评价的设计

教学效果评价的设计要遵循四个基本原则。

第一，教学效果评价要以学生核心素养的全面发展为出发点和落脚点。英语学科的核心素养主要包括语言能力、思维品质、文化品格和学习能力四个维度，所以教学效果评价的设计要从这四个维度出发。

第二，教学效果评价要发挥学生的主体作用。教育的本质是育人，以人为本是大势所趋，教学效果评价也应该以学生为主体，从学生的性别差异、年龄差异、认知水平、性格特点、兴趣爱好等角度出发，分层设计，因材施评。

第三，教学效果评价要采用多种评价方式。教学效果评价的目的是使教师从不同角度考查学生对知识的掌握程度，从学生的反馈中教师能及时调整教学进度和方法，以达到更好的教学效果。常用的教学效果评价方式有很多，如形成性评价、终结性评价、相对性评价、绝对性评价、个体内差异评价等。

第四，教学效果评价要充分关注学生的持续发展。学生的发展是一个持

续变化的过程，会随着学生个体差异而变化，教师要根据教学效果评价的结果，了解学生的需求，监控学生的学习过程，鼓励学生，使学生朝好的方向发展。

（二）教学效果评价的形式

1. 学生自我评价

学生根据教师提供的评分标准，结合自己的实际情况对当前的学习状态进行评估（表3-1）。教师在让学生进行自我评价的时候，应该引导学生深刻理解学生自我评价的重要性，帮助学生构建自己的学习目标，设计自己的学习思路，并随时检查自己的学习效果，使学生看到自己的学习成就。

表3-1　自我评价表

班级：____	姓名：__________	组别：__________				
维度	评价内容	等级				
		完全不符合	不太符合	不确定	部分符合	完全符合
学习态度	我对英语语法学习感兴趣					
学习状态	我能积极参加小组语法讨论活动					
学习习惯	我能做好英语语法笔记					
学习效果	我对英语语法有更深入的理解					

2. 学生相互评价

学生十分重视同龄人和成年人对自己的评价和看法，会因为他人的评价，而对自己作出相应的改变。因此，教师引导学生根据提供的评分标准，结合小组内成员的实际情况，对当前的学习状态进行相互评价，能充分发挥学生的主观能动性，提高学生的自主学习能力、合作学习能力，促进学生健全人格和核心素养的发展。如表3-2所示。

表3-2 学生互评表

班级：___	姓名：__________	组别：__________				
维度	评价内容	等级				
		完全不符合	不太符合	不确定	部分符合	完全符合
学习态度	他/她对英语语法学习感兴趣					
学习状态	他/她能积极参加小组语法讨论活动					
学习习惯	他/她能做好英语语法笔记					
学习效果	他/她能正确使用英语语法					

第四章

大学英语课堂听力、口语教学与促学评价研究

对于大学生而言，英语听力、口语两项技能的提升并非易事，需要学生付出很大的努力。随着时代的发展与社会的进步，信息技术在教育领域的应用，虽然在很大程度上提升了大学英语课堂的教学效果，但毋庸置疑，学生的英语听力、口语技能仍依赖教师的教学策略以及自身的努力学习。本章重点研究大学英语课堂听力、口语教学与促学评价的相关内容。

第一节　大学英语课堂听力与口语教学概述

一、大学英语课堂听力教学

英语教学传统学习理论的学者认为，学习者学习语言知识始于教师的讲解，但近年来学者们根据对其理论的深入研究，对英语听力教学给出了不同的定义。

任庆梅（2014）将英语听力教学定义为：能够提供可理解性输入，促进语言知识的建构，帮助学生培养综合运用英语进行交际的能力，引导学生体验与感受用英语交际成功后的喜悦，增强学习自信心，提高其学习英语的兴趣。①

克拉申在1996年提出狭窄型听力（Narrow Listening），即学生通过大量的听力练习来提高听力能力，并且不用习题测试。②互动听力（Interactive Listening）是指通过人们在日常对话中的互动练习听力。但是，互动听力并没有受到足够关注，直到现在还没有形成一个成功的课堂模式。

周启加（2000）研究了学习策略对听力的影响，调查结果表明：注重并在实践中运用听力策略对提高学习者的听力水平有明显的影响；听力成绩较高的学生比听力成绩低的学生更善于运用自我管理策略和一些听力技巧。③

① 任庆梅.以听力教学提升中学生的英语综合能力[J].英语学习，2014（7）：45-47.

② 王安妮.Krashen二语习得理论对大学英语听力教学的作用[J].现代英语，2023（1）：50-53.

③ 周启加.英语听力学习策略对听力的影响——英语听力学习策略问卷调查及结果分析[J].解放军外国语学院学报，2000（3）：62-64+95.

陈晓茹、吴少跃（2007）论证了元认知策略的训练与听力教学结合的有效性，将计划、监控和评估分别同听力教学中听前、听中和听后三个阶段结合起来，最终目的是能够增强学习者自主学习意识，而不是掌握策略本身。[①]

李洁（2005）将传统听力教学模式和多媒体辅助教学进行了对比，构建了新英语教学模式，详细阐述了教学过程，通过对结果进行分析得出结论：多媒体应用到听力教学中能明显提高学生听力水平和学习兴趣。但是部分学者在肯定多媒体辅助听力教学效果的同时，提出教师的作用不可取代，课堂中学生和教师的互动必不可少，更应该关注到如何将多媒体教学与传统课堂教学完美地融合到一起。并且，研究者也应致力于英语听力教学方法的研究。[②]

张翠玲等（2000）发表文章阐述了“控制学习”与“合作学习”，这两种学习方法在美国关注度较高，展示了具体的教学实施过程，认为在听力教学中应用这两种教学法十分必要。[③]

二、大学英语课堂口语教学

口语教学的目的之一就是提高学生的口语能力，而对于口语能力这一概念的界定，不同学者对其描述也有所不同。

美国著名语言学家乔姆斯基（Avram Noam Chomsky）在19世纪60年代提出了“语言能力”这一概念。[④]他认为，人们通常理解的语言能力，其实就

① 陈晓茹，吴少跃.大学英语听力教学与元认知策略的培养[J].广东外语外贸大学学报，2007（6）：99−101+108.

② 李洁.新教学模式下英语听说教学体验[J].中国外语，2005（4）：53−57+61.

③ 苏振利，张翠玲，范学荣，等.“控制学习”与“合作学习”在英语听力教学中的运用[J].外语电化教学，2000（1）：36−37+40.

④ 孙艳.简析乔姆斯基的语言观[J].海外英语，2017,（23）：10−11+21.

是指能够掌握语音、语法、词汇知识，并且能够运用这些知识去理解并能够正确地进行造句或对话。

继乔姆斯基的“语言能力说”之后，另一位语言学家海姆斯（H. D. Hymes）提出了“交际能力”这一概念，交际能力是指人们在特定的社会环境下恰当地使用语言进行沟通的能力。[①]

而对于口语的教学方式，德国教育家克林伯格（L. Klingberg）在各种对话中把英语口语教学作为衡量良好教学的标准，因为他认为英语口语教学是一个多层次、多方位的相互交流的过程。[②]教师在课堂上进行英语教学时，能够采用对话式教学法来形成学生的语言，并对其口语能力进行训练。师生之间的对话和交流，不仅可以促进学生学习英语的主动性，还可以培养师生之间的良好关系，提高学生的口语能力。

相较于国外较早地对口语教学进行研究，我国的口语教学一直是英语教学中的一个薄弱环节，并且起步很晚。文秋芳（1999）对英语口语测试和教学进行了大量的研究，详细讨论了英语口语考试的问题，并为英语口语教学提出了一些可行的建议。她提出了输出驱动的假设，以解决中国第二语言习得中存在的问题。她试图通过使用语言实验室来教授英语口语，以探索在大型课堂上进行英语口语教学的新方法。[③]她的实验取得了良好的结果。学生们支持这种教学方法，认为在这种情况下，他们会有更多的机会练习演讲。

张庆宗（2004）提出，教师应帮助学生分析每次英语活动中口语实践失败的原因，并形成积极有效的动机属性。学生们应该意识到，他们失败的原因不是他们缺乏能力，而是他们缺乏努力。[④]

杨永恩和徐丽（2017）指出，对学生而言，他们更需要的是恰当的口语

① 严子寒.海姆斯语言交际能力模型在外语教学及测试中的应用[J].考试周刊，2011（79）：3-4.

② 彭华清.有效：课堂对话的追求[J].中学政治教学参考，2013（14）：47.

③ 文秋芳，吴彩霞.对全国英语专业四级口语水平的评估——兼评《大纲》对口语的要求[J].外语教学与研究，1999（1）：30-35.

④ 张庆宗.英语口语中动机归因对高校英语口语教学的启示[J].四川外语学院学报，2004（1）：144-147.

学习策略，符合其学习习惯的策略能够使其口语学习的效率翻倍。[①]教师在口语教学中只是学生学习过程中的引导者，学生学习的效果如何在于学生而非教师。如果学生可以自己主动地制订符合自身能力水平和符合自己学习习惯的口语学习计划并严格执行，除此之外还能多多参与英语口语课外活动、积极地向教师和同学请教练习口语的方法，那么其口语能力的提高会变得非常简单。但事实上学生并没有抽出时间进行口语练习，就更不用提寻找适合自己的口语学习策略了。

第二节 大学英语课堂听力与口语教学的原则

一、大学英语课堂听力教学的原则

（一）注重情境原则

对语言知识的学习与应用过程，是一种在学生头脑中形成知识表象的学习过程。所以，学生的学习兴趣、好奇心和求知欲，也是教师创设情境进行教学设计的重要因素。在英语听说课的课堂上引入情境元素，教师可以通过播放一首歌曲、一个小故事或者是一段文字等方式，让学生在课堂上与同伴进行交流。这样不仅可以让学生能够在一定程度上了解英语国家文化，还能进一步激发学生对英语学习的信心和好奇心。另外，教师在使用创设情境元素时，还要注意把握创设情境元素与教材内容之间的关系。

---

① 杨永恩，徐丽.高中英语口语教学的现状、问题及对策分析[J].佳木斯职业学院学报，2017（3）：347-348.

（二）听说结合原则

1. 利用听说教学，实现听说训练的整体性

在英语听说课教学中，教师要把握听、说的特点、规律，以点带面。听力是听说学习中重要的一个环节，对于英语听说学习的指导意义也非常大。学生在进行听力训练时如果只注重听力训练的结果，而忽略了语言的学习过程和规律等其他方面，这样就会导致学生在语言的认知与理解上出现偏差。对于学生而言，其听的能力是在一定背景下建立起来的，而不是说出来就能得到提高。

教师在进行听说教学时应该把学生当作一个整体来看待，在听力教学中，可以将一些语言特点与学生的生活经验联系起来，从而提高学生的听说能力；可以通过不同文体的语言来提高学生对不同文体语言特点和表达方式的了解；也可以采用游戏等方式提高学生的学习兴趣以及效果；还可以通过一些生活中常用单词、句子以及各种句子之间的联系，来帮助学生更好地掌握一些英语词汇、语法知识等等。所以，学生要想实现良好的英语听说教学效果，就必须对自己听与说的能力进行整体性训练。

2. 建立有效评价体系，让听与说相互促进

在英语听说教学中，教师要重视学生听与说的相互促进作用，并且要对学生进行评价。由于学生的听说水平参差不齐，在具体测评时也不能统一进行。例如，当教师在上完一节课后需要对学生的表达能力和学习态度等方面进行评价时，教师可以将这些内容分为三个部分：第一部分是语言知识类问题，重点检查学生对词义、句型、时态和句型的掌握情况；第二部分是语言技能类问题，检查学生单词拼写、语法和句型等方面情况；第三部分是思维品质类问题，主要检查学生对于文章内容的理解、分析和判断方面。

在听说训练结束后，教师需要组织一次课堂检测，通过一些有针对性的练习，对各个部分的测试进行综合评价。此外，教师还需要为学生提供机会，让他们在课下与其他班同学互动交流。同时，还可以对学生提出一些英语学习方面的问题或建议，从而提高他们听与说的能力。

3. 采用灵活多样的听说训练手段

基于深度学习视野，教师在组织学生进行听说训练时，要注意联系学生

实际，根据学生身心特点，设计多种多样的训练手段。主要基于丰富多彩的课堂活动来开展训练，让学生有参与的热情和兴趣。

要注意根据学生的学习特点和兴趣来选择教学内容，采取灵活多样、生动活泼的教学方法，引导学生用英语表达思想，用英语进行交流。英语学习中应以听说为基础，以听为主，在听说中提高理解能力和综合运用英语语言的能力。大学阶段学习英语的目的是交流，因此教师在教学前要先了解学生的学习方式，以便于在课堂上创设良好环境，提供机会让学生参与到课堂教学活动中来。

二、大学英语课堂口语教学的原则

（一）标准化、丰富化原则

对于教师来说，教师要善于利用典型课例资源来提升教学水平，善于利用教师教研讨论来丰富专业技能，善于利用各类教学资源融会英语听说教学中，善于利用智能平台各类功能并鼓励学生主动使用。对学生来说，学生要善于利用助学平台来完成教学活动中的学习任务，善于利用丰富的教学资源来主动提升英语听说能力，善于利用班群功能与互补班的同学进行交流沟通，善于利用跟读配音等功能提升自己的口语水平。

（二）多样化、趣味化原则

在教学过程中，不少学生喜欢跟读、情景对话等作业形式，而这主要是由于教师布置的作业内容倾向于这些方式，长此以往，学生已经习惯了这种作业形式。此外，很多教师基本未布置过趣味配音等相关听说训练。网络教学资源库对于这些方面起到了一个良好的补充和平衡的作用，教师可以借此来开阔学生的视野，让学生对于课本以外的知识进行适度了解。此外，教师还可在授课时，充分利用网络资源为学生组织更多的活动，如英文辩论赛、电影配音大赛等活动，从而使英语听说教学更加寓教于乐。

（三）科学化、个性化交互原则

有效提高学生英语听说能力并不是盲目让学生进行大量英语听说训练，而是让教师和学生学会如何通过科学化、个性化的交互教学功能来推动精准化教学。

其一，在课前，教师应当发布与课程主题相关的学习任务，观察学生的任务完成情况，对于需要指出来的问题应当集中到课中环节进行重点讲述。在课中，教师应当通过头脑风暴、连环提问、情景创设、角色扮演、朗读、口头作文等方式来增强与学生的互动，在互动中发现问题，在互动中解决问题。

其二，在课后，针对不同英语听说水平的学生分层设置作业，让不同能力的学生都能在解决高出自身能力范围的作业的过程中进行自我提升。

第三节　大学英语课堂听力与口语教学的模式

一、大学英语课堂听力教学模式

（一）基于视听结合模式的大学英语课堂听力教学

视听结合能较好辅助提高学生的听力水平。进行视听结合训练，可以有效调动学生视听感官，促进学生的听觉。北京师范大学出版社2019版英语教科书提供了大量的音频和相关的视频材料。在各单元的教学设计中，教师可以采用视听相结合的方式培养学生的读写基本能力，同时注重学生的听说能力的培养。将视频教学引入课堂教学现在很容易，它是提高学生听力能力的最有趣、最有效的方法。通过播放英语原创音视频，学生可以通过一定的视觉刺激，更好地提高听力水平，增强自己的形象思维和记忆能力。教师还应将视听教学扩展到课堂之外，鼓励学生在丰富多彩的课外生活中感知英语，让学生以快乐的方式沉浸在英语的氛围中。例如，组织英语角、英语沙龙、校园英语广播活动以及观看原声电影等。教师也可以让学生尝试视听配音，让学生观看电影视频对话，然后关掉声音，让学生看视频画面，在电影中找到一个角色的声音，如《阿甘正传》中的汤姆·汉克斯，台词量合适，语速适中，学生较容易进行跟读练习，也可以帮助学生试着理解角色特定的语言环境。并不是所有说英语的人都能像标准的广播公司的播音员那样说英语。听这些听力材料的学生可能会遇到一些带有浓烈地方口音的人。这种方法不仅能锻炼学生的说话能力，还能让学生适应听各种不同的口音。事实上，一门语言中，听、说、读、写、译各种能力训练是一个有机的整体。在今天的英语教学中，教师更应重视通过视听结合训练进而提高学生听、说、读、写、译的能力。虽然大部分教师非常重视听力教学，但缺乏有效的教学方法，造成听力教学的过程仅仅只是多次听力训练的反复。在这种单调、沉闷的课堂气氛中，学生们会感到紧张或沮丧，从而失去了对学习的兴趣，失去了听力教学的真正意义。因此，通过视听结合促进听力教学，学生可以积累丰富的知识和经验，培养积极的创造性思维能力。

（二）基于实践模式的大学英语课堂听力教学

1. 重视提升英语教师高水平语言综合运用能力

大多数英语教师的母语是汉语，而且很少有机会与以英语为母语的人交流，所以他们的语言表达并不够完美。因此，他们不能完美地发挥课堂交际活动的组织者和指导者的作用，也不能为学生创造良好的口头交流情境。目前，一些英语教师在口语能力存在发音带有地方口音、语音语调不纯正等问题；课堂语言僵化、不自然，不符合英语交际的习惯。为了提高语言沟通能力，教师应积极参加各类英语口语培训，同时注意平时的听说练习，模仿标准音频的发音，纠正自己存在的缺点。通过必要的口语培训，教师能够改善口语水平，更灵活地使用英语课堂语言，提高课堂上的口语氛围。此外，教师在加强英语口语能力后，还需要提高自己的语言丰富性和美感，营造活跃的课堂氛围。语言的美要求教师在教学中掌握发音和语调并努力使语言更有节奏。而且，我们也要加强对教师的个人素质的培养。对于学生在听力中遇到的困难和问题，教师要能够认真分析，不要把结果当作一切，迫切要成绩，盲目批评。相反，教师要善于提出建设性的解释或解决办法，及时鼓励学生，激发学生的听力热情，克服他们害怕困难的心理，减少心理障碍。

总之，教师要想方设法提高听力教学水平，积极更新教育教学理念，在听力教材加工、教学方法选用和教学评价实施方面，积极改革实践，充分利用优秀的视听媒体。同时，提高教师自身素质，也是有效指导学生提高听力水平的重要前提。教学的同时，融入学科素养教育，让学生明白，为了适应国际环境，他们必须加强英语学习，提高英语语言能力，特别是听和说的能力。

2. 重视良好听力心理素质的养成

环境是影响学生听力成绩的主要因素之一，对学生听力信心的建立和听力训练自我效能感的形成有重要影响。

首先，教师需要了解学生的听力差，不仅受环境因素影响，还受学生自身能力的影响，然后进行全面的分析。接着，可以根据学生遇到的不同的听力测试问题，创建各种听力测试模拟场景，组织学生在教室、多媒体中心和户外场所中开展听力教学活动。教师需要全面地比较听力测试的结果，然后清楚地了解环境因素对听力测试的影响。在不同的模拟场景下进行听力测试，可以提高学生的心理适应能力，为后续的正式听力测试铺平道路。特别是对于那些只有在绝对安静的地方才能获得良好的听力测试成绩的学生，添加适当的外部干扰因素有利于提高他们的听力适应性。采用各种模拟场景进行听力训练，对学生进行听力心理质量训练，可以避免其因为受到心理因素和环境因素的影响而影响测试结果。

其次，教师应适当地拓展听力课程的内容。高校学生英语听力测试的关键内容是听力理解测试和听力文本理解测试。教师应做好听力考试的分析工作，明确文本因素对学生考核结果的影响。找出实际存在的问题，然后扩大和完善听力训练的内容。也就是说，教师应根据存在的问题，选用多样的听力材料和听力训练形式。在日常听力教学中，注重提高学生的文本理解能力，并有效地纠正学生的英语发音。另外，教师要掌握听力文本的难度，为各层次的学生开展分层听力教学活动。做好日常听力技能培训，使学生的自我心理适应能力增强，能够适应不同水平的听力测试。教师还应丰富和拓展课程内容、语法和词汇，为学生提供高质量的听力训练。

最后，教师要加强对学生抗挫折能力的训练。在数字化时代，高校学生有积极的思维能力和鲜明的个性特征，但他们缺乏抵抗压力的能力。在学习英语知识和语言技能的过程中，他们受到外部环境的影响很大，无法在不同的测试环境中发挥自己的能力。因此，应将英语听力教学与学生的心理健康教育相结合，培养学生正确应对学习和测试过程中所面临的困难和问题的能力。为因听力考试成绩不佳而失去学习信心的学生增加符合实际，并带有激励性质的挫折教育。教师帮助学生发现目前存在的问题，帮助他们找出听力能力发展滞缓的根本原因，可以有针对性地帮助他们找到解决办法。同时，心理知识被巧妙地融入听力测试练习中，也可以让学生得到挫折教育的微妙影响。将挫折容忍度教育的内容合理地融入听力考试的文本中，以鼓励学生正确地看待考试中存在的问题。

3. 降低母语对听力水平的负迁移

在学习英语时，母语的负性转移容易大于正性转移，因此在听力训练的过程中，必须注意母语的负迁移现象。为了尽量减少母语对听力理解的干扰，教师应该尽量用英语来组织课堂教学，尽可能多地在每个教学环节中使用英语。那些能用英语表达的，如课文解释、练习设计、考试安排、家庭作业、奖励、评论等，应尽量使用英语，避免使用中文，以培养学生用英语思考学习问题的能力。在初始阶段，让学生掌握一些日常交流语言，要求学生在课堂上必须使用课堂语言，让学生学会听基本的英语交流语言，然后逐渐做到课堂完全没有母语。在教师的帮助和学生的积极合作下，学生不难做到用英语解释英语，只要学生有能力和习惯用英语解释英语，那么母语的干扰便可以大大减少，母语对听力理解的负迁移也能最大程度上得到削弱。

二、大学英语课堂口语教学模式

（一）POA理论视域下大学英语口语课堂混合式教学模式

混合式教学类型多种多样，可根据不同的教学风格、教学资源、学习环境、教学理论或学习评价形成多种类型的混合式教学模式。[①]何克抗[②]在中国首次提出混合式教学的概念，与奥斯特（Auster）[③]观点一致，均认为混合式教学是将传统教学与网络教学相结合的教学模式。张其亮、王爱春[④]对混合式教学的理解更为深刻，他们分别从教学形式、教学手段、教学技术、教学目标和教学评价五个层面探讨了混合式教学的特点。

这里侧重于探讨多种学习环境的混合式教学模式，换言之，就是探讨如何将网络化教学与传统大学课堂教学进行有机结合，在POA理论指导下，构建适合当下大学英语口语课堂的混合式教学管理模式。该模式整合了信息技术和传统口语课堂教学的优势，以学习为主导、学生为主体，教师在教学过程中起中介作用，引导、组织学生完成课堂学习任务。

下面将从教学目标、教学内容、教学流程三个方面，以《新标准大学英语视听说教程2》[⑤]第一单元为例来设计混合式大学英语口语课程教学。

1. 教学目标

大学英语课堂教学活动目标包含工具性目标和人文性目标[⑥]，其中工具性目标为：提高学生英语综合应用能力，尤其是口语输出能力，使学生能在

---

① 周锋.混合式教学法在大学英语课程中的应用研究[J].高教学刊，2019（18）：102-105.

② 何克抗.从Blending Learning看教育技术理论的新发展（上）[J].电化教育研究，2004（3）：1-6.

③ Auster C. Blended learning as a potentially winning combination of face-to-face and online learning: An exploratory study[J]. *Teaching Sociology*，2016（1）：39-48.

④ 张其亮，王爱春.基于"翻转课堂"的新型混合式教学模式研究[J].现代教育技术，2014（4）：27-32.

⑤ Simon G.，文秋芳.大学英语视听说教程2[M].北京：英语教学与研究出版社，2016：12.

⑥ 教育部高等教育司.大学英语课程教学要求[M].上海：上海英语教育出版社，2007：2.

未来工作、学习和生活中实现有效交际。本案例课文的主题为Campus Life，教师基于该主题，设计交际场景：学生在一次国际生交流会上被要求介绍中国的名校，形成本节课程口语输出目标，即“基于事实信息，介绍中国名校”。该目标可被进一步细化为两个子目标，即掌握陈述技巧、整合名校信息。

2. 教学内容

大学英语混合式教学模式主要采用网络在线自主学习与面对面翻转课堂教学相结合的方式。[①]在线学习平台选用外研社开发的U校园智慧云教学平台以及科大讯飞开发的FIF智慧教学平台，前者与学生使用教材形成联结，侧重听力部分的测试，后者可实现专题口语的学习和测试。面对面翻转课堂教学案例选用教材《新标准大学英语视听说教程2》第一单元 Outside View 部分。该部分考查学生的听力词汇提取能力，内容为一则新闻采访，采集教师和学生对 Harvard University 的评价信息，可很好地与教学目标对接。

3. 教学流程

大学英语口语课堂混合式教学流程，是在传统课堂和网络在线平台两类学习环境下进行的。课堂的主要参与者为教师和学生，学生在学习环境中发挥主体作用，而教师是教学活动的引导者。在 POA 理论指导下，教师与学生之间形成交互式协作关系（如图4-1）。

首先，教师进行语言输出驱动。在此环节中，教师呈现出与学习单元主题相关且与实际密切联系的交际场景。第一单元主题为Campus Life，交际场景为学生参加一场国际生交流会，大家相互介绍本国的名校。学生尝试首次产出，意识到自己语言能力不足，产生对该类话题进一步学习的欲望。

其次，教师进入促成环节。细化产出任务，并为学生提供可学习的材料。产出任务主要包含两个子任务，即如何陈述话题以及如何整合名校的相关信息。一方面，学生通过在 U 校园智慧云教学平台完成 Outside View 部分的听力内容，并提取名校信息，基于教师列举的名校信息表格进行语言整

---

① 刘小梅.新型混合式大学英语视听说教学模式的探究：以北京化工大学为例[J].现代教育技术，2016（11）：100–106.

合。另一方面，教师为学生发布有关陈述技巧的视频并讲解。学生选择可用材料，将名校介绍内容和陈述话题技巧进行整合，最终形成完整产出版本。学生在此环节通过线上平台和传统课堂上的学习，从输入中选择产出任务所需要的材料、语言形式或者话语结构。在这个环节中，学生通过“线上平台”和“传统课堂”相结合的形式进行选择性学习，在完成分级任务的基础上，最终完成产出任务。

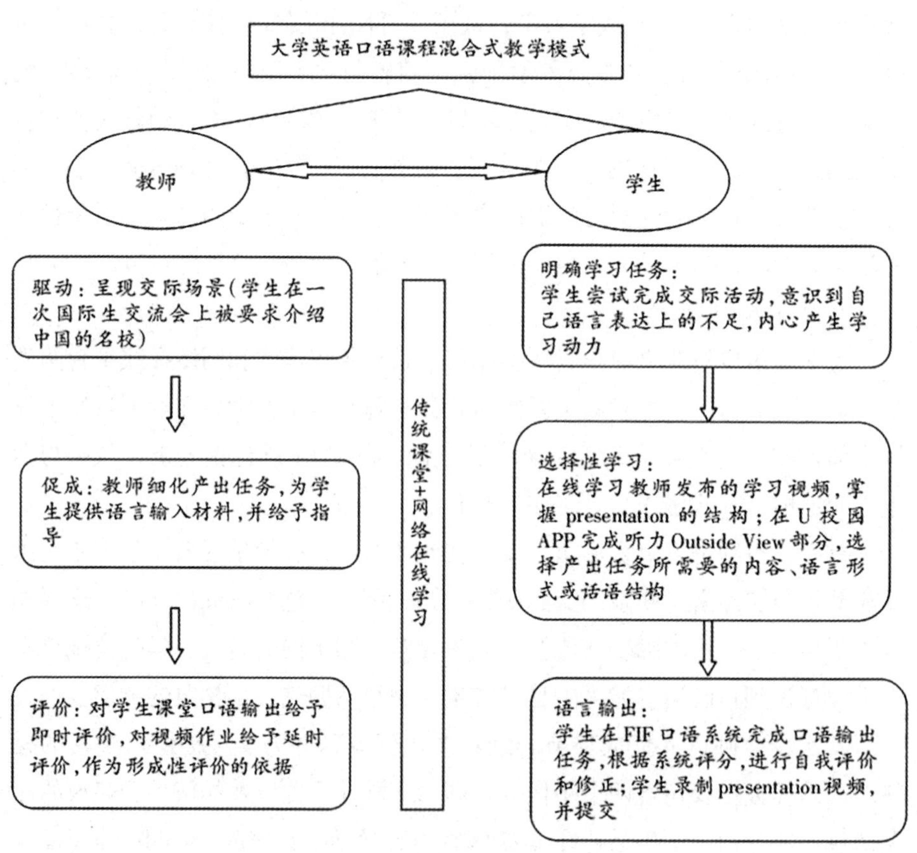

图4–1 交互式师生协作关系

最后，教师对学生的产出内容进行即时评价和延时评价。即时评价针对课堂上的产出任务，延时评价则是对学生所提交的课后成果进行评价。[①]教师对课堂上做陈述的学生在产出内容和语言结构上进行即时评价，但鉴于大班课堂无法让所有学生在课上展示，学生在课后需要在 FIF 口语训练系统上继续完成并提交语音记录，教师根据语音记录做出评价。同时，学生根据教师评价和自我学习过程，反思自己语言输出的不足，并对相关话题的产出任务进行优化，从而内化学习内容，提升学习效果。

POA 理论下的混合式大学英语教学模式，是顺应我国教育现代化发展进程而进行的具有指导意义的教学改革尝试。该模式整合了大学英语传统课堂的优势和网络上丰富的在线学习资源，强调“以学习为中心”，可极大提高学生的学习兴趣和自主学习能力。当然，混合式大学英语教学模式的信息化、半开放式的教学环境，也对教师及学校信息技术人员提出了更大的挑战。教师需要不断学习以提高个人素养，学校信息技术人员也需要提供信息技术方面强有力的支持，这样才能真正实现混合式大学英语教学中深度教学和深度学习的目标。

（二）基于自主探索与总结模式的大学英语课堂口语教学

1. 组织学生开展自主探索与总结

在学生开展自主探索与总结的过程中，教师需要做好两个方面的工作：一方面，教师需要引导学生开展分组，并在此过程中合理控制学生开展口语表达与交际的规模；另一方面，教师需要做好教学任务设计工作，促使学生有目标、有针对性地开展口语表达与交际，以及跨文化交际策略探索与总结工作。另外，教师有必要根据学生所具有的外语口语表达能力与跨文化交际能力，合理设定学生自主探索与总结工作所具有的难度。例如，当学生具备较高的外语素养时，教师不仅要让学生以小组为单位使用外语语言开展交际实践，而且有必要让学生使用外语语言开展组内探讨工作，这对于进一步地深化学生对跨文化交际策略的认知与掌握具有重要意义。

---

① 文秋芳. 构建“产出导向法”理论体系[J]. 英语教学与研究，2015（7）：547-558.

2. 依托情景渗透跨文化交际策略

相对于组织学生开展自主探索与总结而言，在完成理论教学的基础上，通过预设情景引导学生开展跨文化交际策略应用实践，能够促使学生实现理论与实践的紧密结合，并通过实践来完成对理论知识的训练与内化。具体而言，在依托情景教学引导学生对跨文化交际策略做出认知与掌握的过程中，教师需要创造出能够使用特定跨文化交际策略解决交际困难的情景，并要求学生在这种情景之下对相应的跨文化交际策略进行应用，从而促使学生对这种跨文化交际策略进行深入理解。

第四节　大学英语课堂听力与口语教学促学评价的策略

一、大学英语课堂听力教学促学评价的策略

（一）引导学生自评互评

教师可以根据课程需要引入个人评价、小组评价等评价机制。将这些评价结果相结合，最终形成学生对该门课程的学习评价，将能够更加科学地反映学生的学习表现和学习能力。

（二）采取动态评价方式

在基于智能助学平台的混合式教学模式中，应当充分挖掘信息技术的优势，采用多元的评价机制，对学生和教学活动进行评价和及时反馈。为了有效激励学生积极参与教学活动，应当采取过程性评价和阶段性评价相结合的

方式，设置不同的权重，具体权重可以由教师把握。对学生平时的学习表现、学习成果、出勤情况等进行综合评价，形成过程性评价成果，这个可以通过智能助学平台动态监测的数据记录和数据分析进行；而学生对课程知识总体的掌握程度，则可以通过线上或者线下的章节测试或者期末考试进行，形成阶段性评价结果。

（三）加强教学反思调整

评价是及时监控教学过程和教学效果的重要手段，因此对于这些评价结果，教师应当及时反馈给学生，并适时调整教学策略或者教学活动设计，充分发挥这些评价结果的价值。教学反思有助于教师发现自身不足，且有利于促进教师专业成长。在开展教学过程中，教师必须深度反思和审视存在的问题，尤其是听说课教学设计的优势和不足，进一步明确需要提升的内容。师生共同搜集教学过程中存在的问题，并通过数据的形式量化分析，这便是反思性教学。通过高层次和深度的思考，教师可以实现自身的专业发展和自我提高。

二、大学英语课堂口语教学促学评价的策略

（一）基于角色扮演的英语口语评价

1.角色扮演口语评价内容分析

对于评价英语口语学习的内容，国内外学者提出不同看法，莫雷诺（Moreno）在西班牙学校开展基于移动应用辅助语言学习时，将词句发音的准确度和语言流畅性作为学生英语口语评价的主要内容。[①]学者张佳恩从重

① 武任恒.略评莫雷诺的社交测量法[J].心理学探新，1989（1）：41-43.

音、语调、连读和单词准确度四个维度评价中学生口语能力。①

综合现有研究和英语课程标准对英语口语学习技能基本要求，将英语口语教学评价的内容确定为以下三个模块（见表4-1）。

（1）英语口语能力：作为学生角色扮演英语口语综合学习评价的关键指标之一，从口语的准确度、流利度及完整度开展评价。

（2）英语学习态度：作为考查学生英语口语学习的重要因素，主要从学生上课表现，如主动发言、活动参与、完成任务等方面对学生的学习态度表现开展评价。

（3）协作学习能力：对学生协作学习能力评价主要从协作学习契约填写及协作活动表现展开。

表4-1 评价内容设计

评价内容	说明
英语口语能力	从口语准确度、流利度及完整度开展评价
英语学习态度	从学生上课表现，如主动发言、活动参与、完成任务等方面开展评价
协作学习能力	从协作学习契约填写及协作活动表现开展评价

学习评价不仅取决于学生的口语得分，而是综合评估学生的语言学习能力、学习态度及协作能力等多方面的内容。学业质量评价侧重为学生的学习提供指引，使学生通过及时具体的反馈，有针对性地改进学习方法和学习态度。过程性学习评价内容有助于促进学生逐步形成对学习目标的正确认识，区分实际表现和期望目标的差异，并通过小组成员间的协作互助缩小二者之间的差距，促进学生的全面发展。

① 张佳恩.APP支持下的初中英语口语教学实践探索[D].扬州：扬州大学，2018：38.

2. 同伴协作学习契约设计

同伴评价作为一种学习策略，要求学生通过提供评分或口头反馈方式来评估他们的同伴。提供反馈的过程也是学生熟悉内化评价口语发音标准的过程，学生通过认真聆听同伴发音，将自己与同伴进行比较，从而锻炼学生的批判性思维，促进学生的学习反思。研究发现，观察同伴的错误并将其视为学习机会有助于降低英语学习的认知压力。在英语口语能力方面，使用同伴评价对学生的英语口语、语言学习焦虑、语言学习动机和批判性思维均有积极影响。因此，同伴反馈对学生的第二语言学习是有益的。

协作学习契约也称为协作学习合同，是协作学习同伴之间的书面协议或者保证书。基于协作学习契约的学习关注重点是学生的学习需求，因此在设计与实施协作契约学习过程中应遵循契约性、协商性、灵活性和指导性等原则，保障学生的学习主体地位。协作学习契约是同伴反馈的重要工具，承担着传统学习任务单的学习导引作用，同时在情感和意志方面对学生的口语协作学习具备一定的督促指导作用，是学生完成角色扮演协作学习活动的重要学习工具。过程性评价中将组内成员自评及互评作为学习评价的关键。创设小组协作学习契约评价中应包含学生自评、互评、移动学习系统智能评价和教师评价四部分内容。协作学习契约设计如表4-2所示。

表4-2　协作学习契约设计

<table>
<tr><td colspan="2">任务一　协作学习契约</td></tr>
<tr><td>小组成员1:__________　小组成员2:__________
小组成员3:__________　小组成员4:__________</td><td>组号:______　日期:______</td></tr>
<tr><td colspan="2">学习主题</td></tr>
<tr><td>小组协作学习预期
1.用时:__________________
2.重复次数:____________
3.预期个人表既评分:____________
4.预期小组作品评分:____________</td><td>小组协作学习实况
1.用时:____________
2.重复次数:____________
3.个人表现评分:____________
4.小组作品评分:____________</td></tr>
</table>

续表

小组自评 小组成员1： 小组成员2： 小组成员3： 小组成员4：
学习者签字（盖章）
小组工评 小组成员1： 小组成员2： 小组成员3： 小组成员4：
教师评价

根据表4-2可知，协作学习契约包含自我反思学习评价、小组内同伴互评和教师评价三个板块内容。

基于协作学习契约开展自我反思学习评价，学生在开展角色扮演活动前完成自我预期任务单填写，包括学生对小组整体表现、个人学习表现、完成任务的重复操作次数以及完成任务预计用时等。协作任务完成后再根据活动实践情况完成实际表现及操作用时等内容的记录，通过对比预期与实际操作之间存在的差距，有助于学生对自己的学习有明确清晰的认知。同时，学生在完成配音任务后，根据移动学习平台提供的口语学习报告开展自我评价，能够使学生的评价内容更聚焦口语学习本身，让学生更有针对性地改进自身口语学习上存在的不足。

基于学习契约的同伴互评除了有助于学生发现自身口语存在的不足以及

同伴对自己的学习表现评价，同时也为学生提供了组内互相学习的机会。基于同伴反馈的评价机制能够减少学生开口说英语的心理焦虑，激发学生的协作学习兴趣。

教师评价是教师根据学生在整个学习过程中的综合学习表现，如学习契约中的自我评价、组内同伴互评，以及移动平台提供的口语学习数据等，得出的关于学生完成口语学习的态度和口语技能表现的综合得分。融合移动平台和协作学习契约的教师评价，有助于教师系统全面地了解学生的学习，根据移动应用平台提供的数据制订更科学的教学活动方案，促进教学实施取得成效。

3. 过程性学习评价活动设计

过程性评价是嵌入学生学习全过程、各阶段的综合性评价，注重考查学生在学习过程中的表现，是一种全面的学习评价方式。口语教学评价侧重评价学生在参与角色扮演协作口语配音活动过程中的学习表现，包括学生的自我反思学习评价、小组内的成员互评、基于移动应用的智能口语评价，以及教师的综合表现评价等内容。

互评是学生在参与学习活动过程中，对于自身学习表现的认可情况反馈；互评是小组共同完成小组任务过程中，对同伴学习表现的评价，是小组协作中促进学习互动的重要途径；移动应用赋能的智能学习评价是贯穿预习活动、新知学习活动，和巩固拓展练习活动的伴随式学习反馈，实现了对学生学习过程的动态追踪。学习评价是调控教学活动的重要依据，具体教学评价设计如图4–2所示。

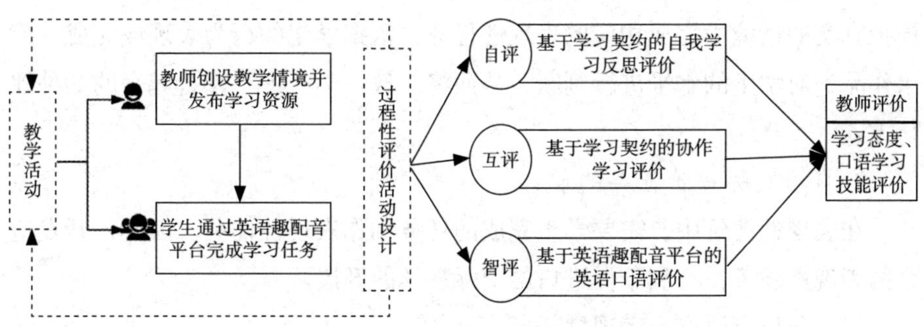

图4–2 过程性学习评价设计

（二）基于表现性评价的英语口语评价

1. 表现性评价

表现性评价兴起于20世纪八九十年代，不过其起源可以追溯到20世纪的三四十年代，即教育评价史中的“泰勒时期”。在这一时期，泰勒已经强调在真实的情境中学生表现出来的比较复杂的情意及能力。很明显，表现性评价思想已见端倪。

进入20世纪80年代，在教育领域，建构主义学习理论变得流行起来，进而推动教学及评价领域变革。该理论非常重视情境性，主张教学过程与解决现实问题过程类似，所以主张真实性任务和符合现实的问题情境。在这样的背景下，教育者对标准化测验开展批判性反思，指出测验内容、测验结果等存在的诸多问题。由此可见，该评价出现的主要原因是对传统纸笔测验方式的不满。

因为表现性评价需要真实或近似真实的情境，所以可以较为准确评价学生的问题解决能力、交流合作能力、批判思考能力。在西方，表现性评价广泛地受到决策者、教育者、研究者的青睐，成为代替传统标准化测验的一种新的评价方式。在我国，自2001年以来，表现性评价受到广泛关注，促进了课程改革，特别是评价改革的发展。

不过，当前教育界对表现性评价众说纷纭，尚未有一个公认的含义。结合中外学者对表现性评价的理解可以看出，在该评价中，被评价者要展现建构性反应。表现性评价主要的优势在于评价内容多样化、评价主体多元化、评价准则明确化、评价任务情境化。而表现性评价主要指学生在真实情境或模拟真实的情境中完成相应的表现性任务，依据学生的行为表现或完成的成果作品，对学生的水平进行判断，从而将“教—学—评”整合起来的一种评价方式。

2. 口语交际评价任务的设计

在表现性评价中，需要学生完成的任务称作表现性任务。因此，开发适合的表现性任务，有利于促进口语交际教学的开展。

（1）分析口语交际表现性任务

教师明确了评价目的和教育目标之后，为了掌握学生的真实情况，教师就需要考虑表现性任务的相关事宜。一般来说，合格的任务需要四个特征：符合学业目标、说明清晰明确、具有可操作、公正公平。教师既要分析学生原有的基础，还要思考学生可能要经历的认知过程，尽可能地让评价任务包含所需要检测的目标。当然，具体到口语交际教学中的表现性任务，除了具备上述的特征以外，还应该满足以下三点要求：①任务要具有互动性、即时性、实践性、综合性等特点；②口语交际任务要注意真实性和情境性，从生活中来，到生活中去，从真实的生活中提取素材，并要创设实施的情境；③任务要面向全体学生，注意公平和公正。

总之，英语口语交际的表现性任务一定要依据课程标准，依据评价目的、学习目标以及具体的实际情况进行综合考虑，聚焦学生的表达，在表达实践中完成评价。

（2）创设口语交际表现性任务的问题情境

新的学习观认为人的学习及专长发展，都离不开具体真实的情境。任务分析后，设置具体问题情境时，要着重考虑六点：①引发符合评价目标所需的能力或表现；②激发学习兴趣；③问题情境与认知水平相符；④理解问题情境中的问题描述；⑤具有可操作性；⑥学生对问题情境的熟悉程度。

口语交际中的交流话题、对话场合都具有特定性，这决定口语交际不能离开一定的情境。因此，在创设口语交际问题情境时，教师要尽量选择与学生日常经验一致的问题情境。在考虑学生知识经验基础上，贴近真实生活，引导学生获得新知识与交际经验，最终提高学生的口语交际水平。

（3）撰写口语交际表现性任务的指导语

为了让学生明确需要表现什么，必须告知学生任务及评分的内容。此时，教师要用简洁的话语描述任务，还要给学生说明完成任务的思维过程。任务的说明应确保学生能够理解教师的要求。表现性任务给予学生很大的自由空间，可用不同的方法、不同的方式提出、探究、解决问题。不过，很多时候，任务设计者以为会明白无误的，但学生却一头雾水。为了让学生理解需要表现什么，就需要告知学生完成的作品或表现应该展现出什么样的特征和质量，有哪些途径和方法获取资源，何时完成任务，是个别还是团体评价任务等。从某种意义上讲，任务指导语是“脚手架”，可以帮助学生更好地表现，更好地完成任务。

第五章

大学英语课堂阅读、写作教学与促学评价研究

阅读与写作在大学英语教学中扮演着重要角色。评价作为教学的重要组成部分，对学生的英语阅读与写作学习有着重要的影响。然而，目前的大学英语阅读与写作教学评价并不乐观，教师评价仍占主导地位，而学生的主体意识、阅读与写作过程及评判过程，也都没有得到应有的重视与培养。鉴于此，本章将促学性评价应用到大学英语阅读与写作教学中，旨在探讨促学评价对大学生阅读能力与写作能力的影响。

第一节　大学英语课堂阅读与写作教学概述

一、大学英语课堂阅读教学简述

（一）阅读

1. 阅读兴趣

（1）阅读兴趣的定义

兴趣在教育活动中的重要性毋庸置疑。早在19世纪初，著名教育家赫尔巴特（Herbart）就提出教学的导向性目标之一是发展兴趣。[①]他认为兴趣能够在人们对事物进行正确、全面认知时起到重要作用，它能够将习得的知识维持更长时间，同时能够激发人们进行更深远的学习活动。随后，杜威（1913）在其撰写的《教育中的兴趣和努力》一书中提出以兴趣为基础的学习的结果与仅以努力为基础的学习的结果有质的不同。但此后无论在教育心理学领域还是在其他领域，兴趣的相关研究均没有得到过多的关注。[②]直至20世纪80年代，西方研究者逐渐意识到兴趣在学习中的重要作用，对其本质以及对学习的作用影响展开了探讨和研究，并尝试对其进行合理且科学的定义和理论解释。

---

① 章凯.兴趣与学习：一个正在复兴的研究领域[J].宁波大学学报（教育科学版），2000（1）：27-30+33.

② 同上.

20世纪90年代起，我国研究者也开始关注并认可了兴趣在学习中的重要作用，但对其在教学实践中的实验研究和深入的理论探讨仍较为稀少。总体而言，中西方许多学者尝试对学习兴趣的内涵和定义进行定义，但目前仍缺乏较为统一的学习兴趣概念。[①]

就目前而言，学界普遍认可西方学者希迪（Hidi）对于兴趣概念的二分法，即个人兴趣、情境兴趣。一般认为，个人兴趣是一种不断发展的、相对稳定的心理特点，它和增长的知识、价值和积极的情绪相联系，是由内部激活的；而情境兴趣是对环境输入的一种反应，它的产生和激活依赖于当前环境中的某些条件和刺激，是自发产生并很快退散的。[②]依据上述对兴趣的概念界定可得，个体兴趣相较情境兴趣而言，更为持久和稳定。希迪认为，个人兴趣和情境兴趣是能够同时发生和互相转换的，情境兴趣在特定条件下能够发展成相对持久的个人兴趣。[③]因此，他认为兴趣是个体的个人兴趣与有趣的环境特征相互作用而产生的心理状态。

我国学者章凯（1996）基于西方学者对兴趣的相关研究和理论解释，对兴趣的概念进行了界定。他认为兴趣是个体在与环境相互作用中渴求并获得信息，以促进心理目标形成、演化和发展的心理过程。[④]

（2）阅读兴趣的分类

米切尔（Mitchell，1993）对情境兴趣进行了分类。他通过在中学生数学课堂上进行有关数学学习兴趣的实证研究调查和分析后，提出了情境兴趣的二维理论模型。他将情境兴趣分为两个维度，即激发性情景兴趣和维持性情境兴趣，其中激发性情景兴趣的引发因素为“小组学习”“计算机”“智力

---

① 赵兰兰，汪玲.学习兴趣研究综述[J].首都师范大学学报（社会科学版），2006（6）：107-112.

② Ainley M.，Hidi S.，Berndorff D. Interest，learning，and the psychological processes that mediate their relationship[J]. *Journal of educational psychology*，2002，94（3）：545.

③ Hidi S. *An interest researcher's perspective*：*The effects of extrinsic and intrinsic factors on motivation*[M]. Intrinsic and extrinsic motivation.Academic Press，2000：118.

④ 章凯，张必隐.兴趣对文章理解的作用[J].心理学报，1996（3）：284-289.

谜题”，维持性情境兴趣的引发因素为“意义性”和“自我卷入”。[①]米切尔指出“小组学习”通过提供给学生相互交流的机会来激发学生的学习兴趣；“计算机”和“智力谜题”通过较为新奇且打破传统的教学工具和教学模式激起学生的兴趣。“意义性”是指学生认为在体验式英语阅读课上所学的知识是“有意义的知识”，当学生认为所学知识是有价值的时候，就会产生学习动力来维持学习兴趣。“自我卷入”是指学生主动参与到学习过程，自主的参与有助于兴趣的维持。

希迪等人（2006）将其原先构建的兴趣发展四阶段模型，与米切尔所建的情境兴趣二维理论模型进行融合，形成新的有关兴趣发展的四阶段理论模型，如图5-1所示。该模型包括兴趣发展和转化的四个阶段，即激发性情境兴趣、维持性情境兴趣、最初的个体兴趣和稳定的个体兴趣。其中激发性情境兴趣指的是一种来自情感和认知加工过程的短暂改变的心理状态；维持性情境兴趣由激发性情境兴趣转化而来，其产生因素在于高度并持久地集中注意力参与某一特定知识内容的心理状态；最初的个体兴趣是对某些特定情境中反复出现和参与的学习内容，进行相对持久的探索和获取而产生的，它通常伴随着积极情感、价值和知识量的积累；稳定的个体兴趣是在最初的个体兴趣的基础上，进一步对知识和积极情感进行累积，并对上述学习内容进行更长时间的探索和获取。

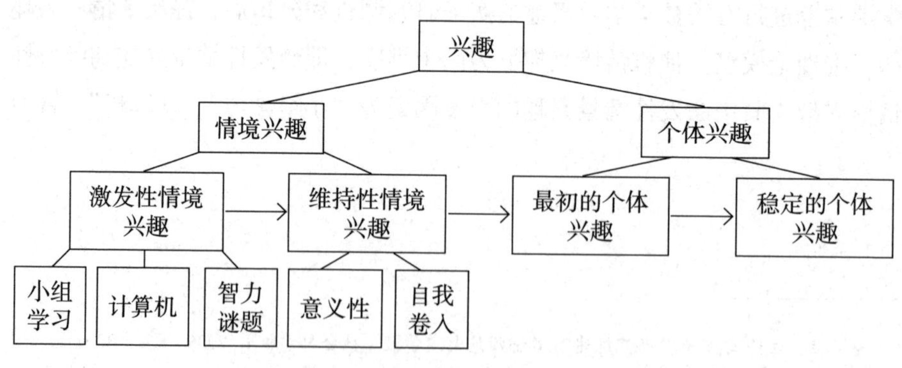

图5-1　兴趣发展四阶段理论模型

① Mitchell M. Situational interest：Its multifaceted structure in the secondary school mathematics classroom[J]. *Journal of educational psychology*，1993，85（3）：424.

通过对上述兴趣发展四阶段理论模型中的要素的探讨和分析，将激发性情境兴趣看作即时阅读兴趣，维持性情境兴趣看作延时阅读兴趣。

第一，在该理论模型的第二层次中，从激发性情境兴趣逐渐发展为稳定的个人兴趣的过程，实际上是英语阅读即时兴趣向英语阅读延时兴趣的发展。

第二，研究者认为模型第三层次中的五要素与体验式外语教学“4E理论”中的“参与”“愉悦”“共鸣”和“环境”四个要素关系密切：“小组学习”的形式能够帮助学生更为积极地“参与”体验式教学活动中；“计算机”和“智力谜题”能够作为体验式教学过程中的多媒体教学工具，和有趣教学方式来吸引学生的注意力，从而使学生在轻松愉悦的教学“环境”中获得更为“愉悦”的情绪体验；进而，“意义性”情境兴趣因素让学生对阅读内容的学习更有动力，学生能够全身心地投入到学习过程中去，从而与学习材料和内容产生“共鸣”，获得语言能力和阅读能力的成功；这种成功的体验感能够使学生再一次主动参与到下一阶段的学习环节中，从而实现学生的“自我卷入”。

因此，将模型原有的第三层次的五个要素改编总结为以下四个维度，即教学生动性维度、情感体验维度、意义认识维度和自主参与维度，并通过上述四个维度探讨和分析体验式阅读教学对学习者阅读兴趣的影响。调整后的模型如图5-2所示。

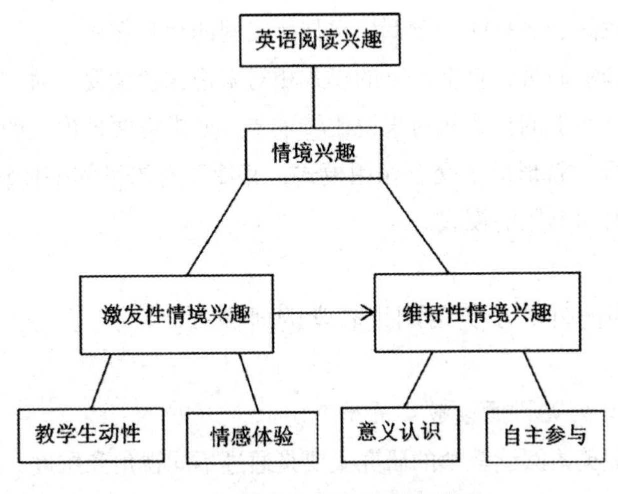

图5-2 情境兴趣发展理论模型

2. 阅读模式

阅读要遵循一些基本的模式，具体包含如下几种。

（1）自下而上模式。该模式起源于19世纪中期，是一种较为传统的阅读模式。所谓自下而上，即从低级单位向高级单位加工的过程，低级单位即基本的字母单位，高级单位如词、句、语义等，是从对文字符号的书写转向对意义的理解的过程。也就是说，自下而上的阅读模式是从对字母的理解转向对文本意义的理解。显然，这一过程是有层次、有组织的。因此，读者要想对语篇有所理解，就必须从基本的字母入手，理解某个词的意思，进而理解句子、语篇的意义。

（2）自上而下模式。该模式与自下而上的模式正好是相反的，产生于20世纪60年代，是读者基于自己的知识结构，通过预测、检验等手段对阅读材料进行加工理解的过程。自上而下的阅读模式是以读者为中心，侧重于读者自身的背景知识、自身的兴趣对阅读产生的影响。阅读可以被视作一种猜字游戏，读者运用自身固有的知识结构，减少对字母等的约束和依赖。在阅读中，读者需要对语篇结构进行预测，并从自身的知识出发理解语篇。

（3）交互作用模式。该模式起源于20世纪80年代，这一模式即运用各个层面的信息来建构文本。但是，交互作用模式是一种双向的模式。交互作用模式是将上述两种模式融合为一起，涉及两个层面的内容。

第一，读者与语篇之间的相互作用。

第二，较高层次技能与较低层次技能之间的相互作用。

就文本理解而言，自上而下的模式相对来说比较重要；对词汇、语法结构而言，自下而上的模式相对来说比较重要。如果将两种模式的精华提取出来并加以综合，就形成了交互作用模式，其便于对语篇的整体理解。可见，这一模式是最为实用的模式。

（二）国内外关于英语阅读教学的研究

1. 国外有关英语阅读教学的研究

国外有关英语阅读教学的研究主要是通过不同视角和维度，对阅读教学的模式和理论进行探讨和界定。国外学者经过近百年的探索和研究，最终形成了较为科学和系统的阅读教学模式和体系。

20世纪50年代，乔姆斯基提出的“先天语言获得机制（LAD）”将英语阅读教学的研究重点，从仅关注阅读中的词汇相关知识转移到阅读中的句型和句法知识。20世纪60年代，随着心理语言学与认知语言学的不断发展，许多学者开始将其引入阅读教学研究中，并探究获得一系列具有深远影响的教学模式和理论。例如，认知心理学家奥苏泊尔（Ausubel）在1963年运用图式理论解释了学习的过程，认为学习者需要在学习过程中，将新知与大脑中原有的旧知关联在一起，这样才是有意义的学习。该阶段阅读教学的相关研究为后来的相关研究，提供了可以将各学科的理论和思想融入阅读教学研究中的思考，也为后来研究阅读教学的学者们，提供了较为科学且有借鉴意义的方向指导。

1972年，在行为心理学的影响下，戈夫（Gough，1972）提出了“自下而上”的阅读模式（Bottom-up Model），该模式认为阅读过程是精确的、被动的。[①]读者在阅读时要按照单词、词组、整句、整段、整篇的顺序，从最小单位到最大单位对阅读文本进行解码，最终才能真正理解整篇文章的含义。这种模式虽然能够提高学生对基础词汇和语法的掌握程度和理解程度，但也会导致学生过于专注细节的内容，不利于学生对整篇文章内涵的深层理解和把握。除此之外，该阅读模式过于强调对语言知识的要求，且与目前“以学生为主体”的教学理念相悖，忽视了学生在阅读过程中的主观能动性。整个学习过程死板且无趣，学生参与教学环节的积极性不高，从而无法帮助学生有效提高自身的阅读能力。

1973年，针对前人研究中的缺陷，古德曼（K. S. Goodman，1973）和史密斯（F. Smith）等学者提出了“自上而下”的阅读模式（Top-down Model）。[②]该模式认为读者根据自己已掌握的阅读背景知识，从整体上快速对阅读材料的主旨大意进行理解和把握，并根据所获信息对文章内容和作者

---

① Gough P. B. One second of reading[J]. *Visible Language*，1972，6（4）：291–320.

② Goodman K. S. Reading：A psycholinguistic guessing game[J]. *Literacy Research and Instruction*，1967，6（4）：126–135.

的写作意图等信息进行解读和推测，随后再通过从文章中寻找相关信息对自己的推测进行验证。这种阅读模式虽然针对第一种阅读模式中的问题进行了改善，有助于学生对整体信息的把握和深层理解，但是又忽视了阅读过程中对语言知识掌握能力的培养。除此之外，该阅读模式过分夸大学生在阅读过程中的主观意识，过于重视学生主观的推测和理解而忽视了学生对于基础语言知识的获取，从而导致学生无法从该模式的阅读教学中提高自身的阅读水平和英语综合运用能力。

纵观上述两种教学模式，二者均有一定的不足和合理之处。随着阅读教学相关研究的不断深入发展，研究者试图将二者的缺陷进行完善，将二者的合理之处综合借鉴起来。1977年，鲁梅尔哈特（Rumelhart，1977）①提出了“相互作用”模式（Interactive Model）。该模式认为阅读并非简单机械的单向作用过程，而是同时包含“自上而下”和“自下而上”两个方向的双向过程，一个阅读信息将会不断进行上下的交互作用，并最终在语篇层面上融为一体。该模式指出，读者可以通过背景知识对阅读文本中的细节内容进行寻找，充分运用文本中的语言知识对文章的内容加以分析。这种模式能够使读者将从阅读文本中获得的新知识与大脑中的原有知识进行联系，从而更好地帮助读者提高自身的语言水平、阅读能力和英语综合运用能力。然而，该模式也有一定的弊端，即淡化了语言运用的过程，该模式缺乏在阅读后将语言进行产出和运用的意识，没有强调和锻炼读者或学习者运用语言的能力。

在此之后，威尔逊（Wilson，1986）从交际的研究视角出发，在*Relevance：Communication & Cognition*一书中提出关联理论（Relevance Theory）。②该理论认为阅读是读者和作者借助阅读文本为书面信息载体所进行的一种交际活动，读者基于文本中一些有逻辑性的关联性信息来解读阅读内容的主旨大意和判断作者的写作意图。

由此可见，国外研究者积极对英语阅读教学的理论和教学模式进行研究

---

① Rumelhart D. Toward an interactive model of reading[J]. *Attention and performance*，1980（7）：6.

② Sperber D.，Wilson D. *Relevance*：*Communication and cognition*[M].Cambridge，MA：Harvard University Press，1986：87.

并获得了较为丰富和全面的研究成果，为英语阅读教学的进一步深入研究提供了理论上的支持，同时也为国内学者进行有关英语阅读教学的研究提供了思考角度。

2. 国内有关英语阅读教学的研究

一直以来，我国将外语教育作为国家发展的重中之重来看待。英语阅读教学是我国外语教学中的主体之一，故广被学者们探索和研究，取得了丰富的研究成果。

（1）对已有阅读教学理论研究进一步探析和解读

许余龙（1999）[①]在《影响中国学生英语阅读能力的教学因素》一文中研究分析得出：随着学生年级、年龄的增长，教师适当使用一定的教学方法对阅读学习的内容进行讲解，可以帮助学生更好地提高英语阅读能力。此文为今后阅读教学的模式和方法提供了较为科学的数据支持，有助于未来学者在此数据的基础上进一步探索能够切实提高学生阅读能力的教学方式。

姚喜明（2004）[②]从历时性的角度综述了过去100余年里国外学者从认知心理学、心理语言学等角度对阅读进行的理论和模式方面的研究成果，此文介绍了信息加工、语言心理、交互模式和图式理论四种阅读模式，客观阐述了阅读模式的演变和内涵。

康立新（2011）[③]采用定性定量相结合的方式梳理和综述了近30年图式理论在我国的发展历程、发展现状和发展趋势，并尝试分析了该理论目前发展的不足之处和今后发展可行的研究方向。与此同时，他指出将图式理论运用在外语教学中的阅读理解领域可以提高读者阅读理解能力和效率。

单小艳（2012）等[④]学者在确定了英语阅读教学模式综合化的可行性后，将合作、自主和探究相结合，探索形成新的综合教学模式，并确定该教学模式适合当今时代发展。这一尝试为我国阅读的课上教学模式、课下自主

① 许余龙.影响中国学生英语阅读能力的教学因素[J].外语与外语教学，1999（8）：17-20+57.

② 姚喜明，潘攀.英语阅读理论研究的发展[J].外语教学，2004（1）：72-75.

③ 康立新.国内图式理论研究综述[J].河南社会科学，2011，19（4）：180-182.

④ 单小艳，张春晓，李文艳.试论“合作+自主+探究”英语阅读教学模式[J].黑龙江高教研究，2012，30（4）：136-139.

阅读模式和阅读课程评价体系提供了有力的理论支撑，力求全面提高学生的阅读兴趣和阅读能力。

夏莲茹（2010）[①]建议教师在英语阅读教学中不断进行教学反思，转变自身的教学观念，慎重考虑教学材料的选择。通过充满亲切感和感染力的教学态度，与学生在和谐、轻松的教学氛围中获得情景交融，提高学生的学习激情，从而培养学生的阅读习惯和阅读主动性。将教学重点放在传授给学生学习方法上而不仅仅是学习内容上，从让学生“学会”转到培养学生“会学”。

葛炳芳（2012）[②]针对我国高中英语阅读教学现状中的问题和不足提出了改进策略，即教师根据教学目标选择适合学生的教材并对其进行充分解读，接着通过个性化的教学设计对教材文本进行解构。并在此基础上帮助学生建构他们的知识体系，帮助学生借助评价性阅读等手段，更深层次地对阅读文本进行理解。上述行为可简要归纳为六方面，即选材（selection）、解读（interpretation）、设计（management）、上课（practicing）、定位（locating）、反思（extension）。

随着我国课程教学改革的不断推进，我国学者将研究重点逐渐从对国外阅读教学理论的释析，转移到根据我国学生学情和课程改革现状进行匹配的阅读教学策略和原则的研究上来。随着“核心素养观”理念在我国课程教学改革中的不断深入，有学者强调在英语阅读教学中应注重学生学科核心素养的培养，王蔷（2017）[③]认为核心素养与英语阅读教学的关系紧密，能够针对目前英语教学存在的问题提供一定的改进措施。她指出在核心素养背景下的英语阅读应遵循学校提供多种合适且文体丰富的阅读材料、培养学生积极主动的阅读习惯、帮助学生理解文本背后的意义，教师提供新知识以优化学

---

① 夏莲茹.高中英语阅读理解教学策略[J].教学与管理，2010（33）：132-133.

② 葛炳芳.高中英语阅读教学改进策略的思考[J].课程·教材·教法，2012，32（2）：94-98.

③ 王蔷.核心素养背景下英语阅读教学：问题、原则、目标与路径[J].英语学习（教师版），2017（2）：19-23.

生的认知结构等原则。[①]许祎（2022）[②]在《大学英语生态课堂与生态教学模式的路径探索》一书中将生态学的观点和思想融入大学英语阅读教学中，并依据当前新媒体的背景提出了重构生态课程的有效策略。

（2）对已有阅读教学理论和模式进行具体实践和运用

高云峰（2000）[③]发现将图式理论应用在高校飞机驾驶专业的学生身上，能够明显地提高其阅读能力水平。该研究将图式理论运用在了专业英语阅读中，扩展了英语阅读教学理论的运用范围，通过不同视角肯定了该理论的可行性。

刘伟（2006）[④]通过实验研究证实了批判性阅读教学模式能有效增强学生策略意识，提高学生的阅读能力和写作能力。

王雨（2012）[⑤]分别分析了文本驱动阅读模式、图式驱动阅读模式和交互阅读模式的内涵和理念，指出在英语阅读教学中使用交互阅读模式能够充分调动学生的阅读激情，帮助学生提高英语阅读能力和唤醒自我意识。

于志涛（2012）[⑥]以QQ群作为虚拟学习社区，将元认知策略应用于大学英语学习者身上，并对其英语阅读获得进行实验研究，肯定了在虚拟英语阅读社区中，应用元认知策略对学生自主学习积极性和阅读能力的有效影响。

周玲（2016）[⑦]以教学实验的方式验证了语篇分析理论在大学英语阅读教学中的有效性。该研究发现以语篇分析理论作为教学指导，能够有效提升学生对语篇的理解程度，进而提高学生的语篇分析能力和阅读理解能力。

---

① Kamil M. L., Mosenthal P. B., Pearson P. D., et al. *Handbook of reading research*, *Volume* Ⅲ[M]. Routledge, 2016: 156.

② 许祎.新媒体环境下高校英语阅读教学的生态特征及创新模式研究[J].环境工程，2022，40（3）：271.

③ 高云峰.应用图式理论提高SBE阅读能力[J].外语界，2000（3）：33-37.

④ 刘伟，郭海云.批判性阅读教学模式实验研究[J].外语界，2006（3）：14-18+23.

⑤ 王雨.交互阅读模式在英语阅读教学中的应用研究[J].教育与职业，2012（6）：147-148.

⑥ 于志涛，牟晓青.元认知策略训练在QQ群英语阅读学习社区中的应用研究[J].现代教育技术，2012，22（2）：85-90.

⑦ 周玲，李瑛.语篇分析理论在大学英语阅读教学中的应用研究[J].教育评论，2016（4）：128-131.

二、大学英语课堂写作教学简述

（一）写作

写作指作家记录自身对万物的观点和理解，以文字为基本载体，也可以有效促进人与人之间的沟通。英语教学也需要与时俱进，对于英语写作而言，学者们有着不同见解，但本质上相似，又略有差异。

刘润清认为写作水平能较好地反映人的语言修养。写作的优劣取决于内容、结构和风格技巧的运用。①

王初明认为写作质量体现为长度、内容、语言表达和结构方面。通过内容、语言运用和结构差异，可以充分地看出学习者的英语写作能力。②

Cheng认为写作与听、说、读、译等技能不同，它的综合性较强。学生的认知焦虑、生理焦虑和回避行为都可能影响学生学习成绩。③

王初明提到写作体现学习者的综合性思维能力，语言运用能力可以通过写作体现。④写作反映学生对所学知识理解情况、语言思维和逻辑能力，学生情绪与写作成绩二者相互影响。

不同专家对英语写作有着不同的定义，这些角度基本提到了写作水平主要是从内容、语言运用和结构上来体现，而写作成绩是衡量学生英语写作水平的重要指标，所以教师应对学生进行系统、高效的英语写作教学。在日常教学中，应该重视学生英语写作能力（内容、语言运用、结构）的培养，从而提高学生的英语综合能力。

---

① 刘润清.外语教学中的科研方法[M].北京：外语教学与研究出版社，1999：123.

② 王初明.以写促学——一项英语写作教学改革的试验[J].外语教学与研究，2000，32（3）：207-212.

③ Cheng Y. S. A measure of second language writing anxiety：Scale development and preliminary validation[J]. *Journal of Second Language Writing*，2004，13（4）：313—335.

④ 王初明.外语写长法[J].中国外语，2005（1）：45-49.

（二）国内外关于英语写作教学的研究

在教学方法、教学策略和教学模式方面，许多学者都对写作进行了研究，并通过整理文献提出了新的观点。

1. 国外关于英语写作教学的研究

20世纪70年代初，罗宾（Robin）等人课题研究的主要内容为对优秀语言学习者的特征进行细致分析。[①]戴尔（Dale）等实证分析英语写作教学策略的接受与采用情况，探讨写作课堂教学策略的实践。[②]卡明（Cumming）认为写作策略包括：头脑风暴，计划和修改策略，自我监督策略，学生主动规划文章框架等。[③]这都能使教师引导学生为写作做好准备。国外研究显示，写作教学主要是在学生的学习策略或者写作策略指导基础上进行的。

2. 国内关于英语写作教学的研究

随着教育改革的深入发展，各专家、学者、一线教师都意识到了写作的重要性，此方面的研究越来越多。通过收集整理文献发现，我国主要对写作教学策略、方法、模式进行了研究。

（1）英语写作教学策略

对于英语写作教学策略，学者们重视策略和效果的二者关系。王月华（2004）分析、观察了语篇链接策略的使用对写作有何作用。[④]刘志群（2006）提到英语写作策略为：学习策略和语言表达策略。[⑤]李广超（2012）从教学创生视角提出了高中英语的两种有效写作教学策略——交际性写作教

---

① Oxford R. L. Use of language learning strategies：A synthesis of studies with implications for strategy training[J]. *System*，1989，17（2）：235—247.

② Shunk，Dale. H. & C. W. Swartzs. Writing strategy instruction with gifted students：Effects of goals and feedback on self efficacy and skills[J]. *Roeper Review*，1993（15）：225-230.

③ Cumming，A. Design and Direction of Production-Oriented Approach[J]. *Chinese Journal of Applied Linguistics*，2017，40（4）：459-463.

④ 王月华，隋慧.浅谈写作策略在英语学习中的运用[J].廊坊师范学院学报，2004，20（1）：111-113.

⑤ 刘志群.英语写作策略分类探讨[J].湖北民族学院学报（哲学社会科学版），2006，24（1）：118-122.

学策略和过程性写作教学策略。[①]交际型写作教学策略即了解学生实际情况，为学生尽可能创设真实的教学情境，促进写作。过程性写作教学策略即及时鼓励、表扬学生，增加学生写作信心，学生相互沟通表达自身想法，教师加以评估和反馈。赵江葵等进行实证分析并探究了写作水平和写作教学策略的联系。[②]总之，研究英语写作策略时，多数学者侧重对语言技能策略进行研究。

（2）英语写作教学法

我国英语写作教学方法大多为体裁教学法。过程体裁教学法可分为三个阶段：一是学生综合评价范文的完整性和通用性；二是教师为学生创设语言情境，并引导学生进行适时调整和修改；三是修改作文前，整合和反复思考讨论结果。李军振、王红孝基于语篇的体裁分析对学生进行了写作教学，教学活动以语篇图示结构为基础展开教学。[③]文章体裁类型繁多，教师不可能将全部教授给学生，而且如果课堂教学教师缺乏想象力或者未能及时引导学生更新思想，学生作文可能会出现相似现象。因此，在实际教学中，体裁教学法有其局限性。

（3）英语写作教学模式

目前，专家、学者们对支架式、任务式教学模式进行了大量的研究。王华认为，设计初中英语写作教学模式时应充分考虑到教师扮演组织者、指导者、辅助者的角色，发挥情景合作和对话这些学习环境因素的作用，调动学生的学习积极性来有效建构学生所学知识。[④]支架式教学模式即在学生未能正确解决问题的时候，教师提供帮助为学生及时解答困惑。朱玲认为支架教学共有五个部分：搭建脚手架、进入情境、自主探究、合作学习和学习效果评价。支架式教学模式可以激发学生自主写作和培养学生合作

---

① 李广超.教学创生视角下的高中英语有效写作教学策略[J].教育学术月刊，2012（1）：104-106.

② 赵江葵，敖练，周艳.大学英语写作策略教学的实效研究[J].外语电化教学，2012（143）：52-56.

③ 李军振，王红孝.从结果到过程再到体裁——英语写作教学流派溯源与比较[J].陕西师范大学学报（哲学社会科学版），2003（32）：152-154.

④ 王华.谈英语写作教学模式与激发学生兴趣[J].中国高教研究，2006（6）：90-91.

意识。[①]

任务型教学模式的核心是一系列具体的任务，在完成任务中不断提升学习者语言能力。李秀玲认为任务型教学模式分为三个阶段：任务前、任务中和聚焦阶段。任务前教师引导学生理解话题和任务，激活学生脑海中的相关单词和词组；任务中增加实践机会，学生通过运用语言来提高写作水平；语言聚焦阶段：学生讨论和分析语言完成情况，练习重要单词和短语。[②]

目前，我国英语写作教学研究多从以上三个方面展开，尤其对于教学方法和教学模式的研究，经历了重视语言知识、写作过程和语篇分析的转变。每一种教学方法或者模式都有自身的优缺点，学者们都能客观看待，并及时探索新的教学方法。

依据我国学生的实际情况，文秋芳教授提出的产出导向法有其自身的优点。产出导向法与其他教学方法最大的区别在于具有成熟的教学理念、教学假设和教学流程。区别于传统的先输入再输出模式，产出导向法倡导输出驱动、输入促成、选择学习、以评为学。教师为学生创设情境，学生产出，再发现学生问题，分层设计教学，或许效果更好，更有利于提升学生的英语写作水平和激发学生的写作兴趣。

---

① 朱玲.支架式教学模式在英语写作中的应用[J].中国教育学刊，2016（S1）：114-115.

② 李秀玲.任务型教学法在高中英语写作教学中的应用分析[J].读与写（教育教学刊），2017，14（6）：112.

第二节　大学英语课堂阅读与写作教学的原则

一、大学英语课堂阅读教学的原则

（一）问题导向原则

明确阅读主体和阅读客体之间的关系，在阅读策略教学中，明确阅读策略的目的和阅读内容的目的，学习者能够根据具体的目的阅读文本材料，找到答案。在正式阅读材料前，教师将会告诉学生本节课所要学习的阅读策略以及需要用到阅读策略解决的问题。学生能根据明确的任务要求，通过具体的文本解决阅读问题。

（二）整体规划原则

阅读策略教学和阅读内容要整体联系，将阅读策略融入阅读教学，以较快的速度根据相契合的内容将阅读策略教给学生。每篇阅读主要有3个阅读策略的教学，根据每单元具体阅读内容，有针对性地将阅读策略教授给学生。[①]此外，还需复习上一节课所学过的阅读策略。

---

① 朱水平.统编教材阅读策略教学的原则和实施建议[J].教学与管理，2020（14）：44-47.

（三）迁移性原则

阅读策略本身具有传授方法、价值和意义等作用，教师在此过程中需要给予学生充分的指导，促进学生阅读策略的迁移和拓展运用。将阅读策略和每单元的教学内容融合之后，学生还需将阅读策略运用在新的文本中解决问题。

（四）注重文化原则

一门语言承载着一种文化，要想学好一门外语，不仅仅需要多背单词，学习和了解异域的文化也是非常重要的。因此，教师在英语阅读教学前，有必要为学生介绍一些与文章相关的社会文化背景知识，这样不仅能使学生更好地了解阅读的内容，还能激发学生的阅读兴趣，提高学生学习的主动性。

二、大学英语课堂写作教学的原则

（一）情境真实性原则

情境真实性原则体现在两个方面：一方面，在英语写作教学中，教师要提供一些相对真实的、有价值的材料，这些材料可以是语言的如生词、课文、写作说明等，也可以是非语言的，如视频、图片、明信片、PPT等。另一方面，还要保证设置的任务具有真实性，贴近学生日常生活，教师应创设相对真实的教学环境。让学生在其中学习英语知识，通过完成课堂任务实现写作学习目标。

（二）功能性原则

传统语言练习有一个问题，那就是课堂所使用的语言脱离真实的语境和语言的功能性。比如，在英语写作教学中，教师仅仅是下达任务，让学生针对某一话题展开讨论。学生会提供他们学习过的跟话题相关的一些生词和句型等，但不能将这些语言形式得体地运用在交际中，正确表达其意义和功能。功能性原则就是在真实性原则的基础上，进一步明确语言形式和功能之间的关系，让学生在完成课堂任务的过程中可以充分感受二者之间的关系。此外，也要让学生理解语言与其使用的语境之间的关系，提高学生英语使用的得体性，帮助他们更好地使用英语。

（三）脚手架原则

教师要针对学生的英语水平、课时安排、教学目标等情况，考虑自己所设计的任务在正式的课堂教学中是否有操作的可能性，要尽量避免环节过多、规则过于复杂的任务。在必要时，教师要为学生提供完成任务所必需的材料或模板。尽管有些课堂任务并不一定都要使用或依据这样的材料，但在前期的任务设计中，教师需要准备和提供必备的材料，使学生在完成任务时更具操作性。

（四）参与性原则

在教学过程中师生要实实在在地参与其中，如果以旁观者的心态和行为方式来进入课堂，写作教学就失去了存在的意义。在写作教学中，教师与学生各自承担了更多的教与学的责任。教师需要根据教学目标选择合适的写作项目，在没有现成的写作项目时，教师需要自己编撰并选择合适的时机去呈现。在这个过程中，教师担负的教的责任就比较多。学生在写作学习中，需要针对写作案例来积极思考，参与讨论活动，寻找解决方案，此时，学生作为参与主体，贡献自己的智慧，承担自己学的责任。

第三节 大学英语课堂阅读与写作教学的模式

一、大学英语课堂阅读教学的模式

（一）阅读圈模式

1. “阅读圈”模式的内涵

1994年，Harvey Daniels在其著作《文学圈：以学生为中心的呼声和选择》中正式提出了“阅读圈”模式的概念。Mark Furr（2007）指出，“阅读圈”模式是一种学生自主阅读、自主讨论与分享的阅读活动。[①]Shelton-Strong（2012）认为，“阅读圈”模式是以学生为主导、以小组为单位进行阅读分享和讨论的活动。[②]毛旭樱（2020）指出，“阅读圈”模式是以学生为中心、以小组为单位、以角色为载体而开展分工阅读再集中讨论的感知过程。[③]尽管不同学者对“阅读圈”模式的定义有所差异，但是他们对其本质内涵达成了高度认同，即“阅读圈”模式是由同伴引领的，由阅读、讨论和分享组成的小组合作学习活动。独立阅读是培养学生自主学习能力的环节，分享和讨论是培养学生合作学习能力和探究性学习能力的环节。

---

① Mark Furr. *Bookworms club bronze*：*stories for reading circles*[M]. Oxford：Oxford University Press，2007：117.

② Shelton-Strong . Literature Circles in ELT[J]. *ELT Journal*，2012，66（2）：214-223.

③ 毛旭樱.例谈核心素养下高中英语阅读圈教学[J].福建教育学院学报，2020，21（5）：69-71.

2. “阅读圈”模式在大学英语阅读教学中的应用

将“阅读圈”模式直接应用于课堂阅读，即每周利用两课时的教学时间（80分钟），让学生在第一课时当堂进行独立阅读、组成阅读小组、填写角色日志，第二课时进行个人阅读成果分享、小组讨论与评价反馈。这种方式可拓展“阅读圈”模式的应用范围，迎合大学英语阅读教学的需要，对“阅读圈”模式真正走进英语阅读课堂产生促进和推动作用。

“阅读圈”模式由以下七个环节组成，如图5-3所示。

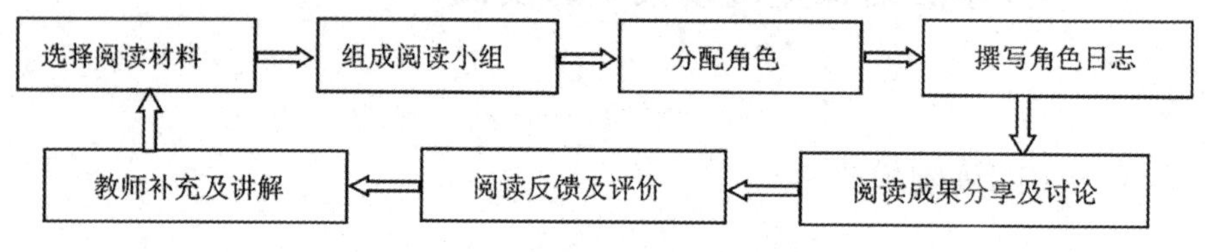

图5-3 “阅读圈”模式操作流程

（1）选择阅读材料

阅读材料的选择是实施“阅读圈”模式的第一步，是“阅读圈”模式能否成功实施的关键因素。

（2）组成临时性阅读小组

阅读小组的组建是小组活动开展的必要准备形态，是小组合作学习的外在表现形式。“阅读圈”中的小组成员通常为4—6人，与常规阅读教学模式不同的是，“阅读圈”模式中的小组成员是根据学生自身的阅读兴趣和能力水平而选择的，而不是依据在教室中的座位或学生的阅读成绩、阅读能力等进行的分组。这样分组的好处在于保证小组内的成员都能发挥自身长处，并与其他小组成员相互学习借鉴。

（3）分配角色

Mark Furr（2007）指出，“阅读圈”模式中的主要角色有六个，其角色任务如表5-1所示。[①]

表5-1 “阅读圈”模式主要角色及角色任务

主要角色	角色任务
讨论组长（discussion leader）	准备小组讨论问题；组织小组讨论；保障全员参与讨论
总结概括者（ summarizer）	总结文本中关键的、重要的信息；用自己的话复述文本内容
实际生活联结者（connector）	分享文本内容与现实生活的联系；邀请组员提供所感所悟
词汇大师（word master）	找出重点单词或短语；解释意思；分享选择原因
篇章解读者（passage person）	找出重点句子或段落；解释意思；分享选择原因
文化连接者（culture collector）	找出文本内容与中国文化相似或不同的内容；与组员分享

为保证小组成员顺利高效地完成自身的角色卡任务，提高小组讨论的有效性，承担同一角色的不同小组成员，可以在课前利用课间时间进行角色卡的讨论交流。通过分享自身角色卡的阅读笔记内容，从同伴的阅读准备中丰富自身的阅读准备。例如，每一轮“阅读圈”中承担“词汇大师”这一角色的学生在课前进行讨论交流，分享自己找到的单词或词组，并通过聆听其他同学的阅读分享，尽可能多地精准找到本节课的重点单词或词组。[②]（表5-2）

① Mark Furr. *Bookworms club bronze*：*stories for reading circles*[M]. Oxford：Oxford University Press，2007：106.

② 陈泽航，李翠.阅读圈在英语阅读教学中的应用[M].北京：外语教学与研究出版社，2021：163.

表5-2 “阅读圈”的辅助角色及角色任务

辅助角色	角色任务
细节追踪者（trivia tracker）	就文本中的细节内容进行提问
插画家（illustrator）	画出与所读内容相关的插画、示意图或流程图等
研究员（researcher）	挖掘文本或话题的背景信息（创作背景、作者信息等）
布景者（scene setter）	追踪故事发生的不同场景，借助语言或图表等展示场景
情节分析者（travel tracer）	分析人物在不同情节中的情绪变化并解释原因
人物特点分析者（character trait finder）	分析人物特点并举例说明
矛盾发现者（conflict finder）	找到文本中的矛盾冲突点，解释该矛盾及其类别
解决方案建议者（solution suggester）	提出除文本外的另一种解决方案

（4）撰写角色日志

学生在明确自身角色后，有目的地阅读，并撰写角色日志（即角色任务清单）。角色日志明确规定了每个角色所要完成的任务。

（5）阅读成果分享和讨论

在撰写完角色日志后，学生带着在阅读过程中的阅读笔记分享自己的阅读成果，参与小组的讨论与交流。成果展示一方面将静态的阅读过程以动态、立体化的活动方式呈现，另一方面，不同学生对作品的不同理解，会增加学生的理解认知，充分体现了合作学习的理念。小组讨论以全班参与为主要特点，为学生不同思想的碰撞提供了机会，学生在此过程中互学互鉴，是“阅读圈”模式的高潮和关键环节。

（6）阅读反馈及评价

评价是整个教育的窗口，评价对教与学具有反拨作用，因此，“教—学—评”成为题中应有之义。阅读反馈及评价是“阅读圈”模式的最后一环，是检验其有效性的主要途径。“阅读圈”模式中的评价重视阅读过程本身，由学生自我评价、组员互评和教师评价三部分构成。

（7）教师补充与讲解

“阅读圈”模式给予学生的自主权与教师自身的角色并不冲突。在教师补充与讲解环节，教师要根据学生的讨论与交流情况，适当补充或拓展相关内容。这一新增环节旨在发挥教师的补充指导作用，填补学生的阅读理解空白，激发学生的深度思考，促进学生对阅读材料的全面深层次理解。同时，教师的补充讲解可以为学生在自主阅读过程中的准备内容提供参考和借鉴，为下一轮“阅读圈”的有效开展奠定基础。

（二）主题式阅读教学模式

1. 主题式教学模式的基本概念

主题式教学模式的基础是“基于内容的教学”，即CBI（Content Based Instruction）教学理念，所有的教学活动都围绕某一主题展开，具有较强的灵活性和可操作性。创设真实的目的语情境，旨在把语言学习同学科知识与主题内容相结合，提高目的语交际能力。[①]学生在文化活动中学习语言技能，在真实的交际状态下多种语言技能协同作用，提高学习主动性；教师在确定主题式教学目标时，注重强调通过学生的具体需求来确定不同水平学习者的学习目的和要求，不断激发学生的学习动力，驱动师生的“双适应双发展”。王彬（2012）提到“主题式教学模式提供一个良好的学习情境，学生在这样的环境中，可以接触和该主题相关的各种领域的学习内容，教师的教材有时可以横向编选和该主题相关的教学材料，有时可直接打破学科之间的限制，在教学中整合不同领域的内容和策略”。[②]由此可知，主题式教学可分两种：一种是单科教学，即在某一学科中通过主题将分散的知识整合到一起；另一种是跨学科教学，即将与主题相关的一些领域的内容整合。

2. 主题式教学模式在大学英语阅读教学中的应用

主题式教学模式有其自身的优势，但同时也存在一些不足，需要在不断的实践过程中进行完善和发展。针对主题式教学模式应用于中国文化教学方面的局限性，结合教学反思，下面分别从教师的角度和教学的角度提出有效

---

① 戴庆宁，吕晔.CBI教学理念及其教学模式[J].国外外语教学，2004（4）：18-22.

② 王彬.泰国中学主题式教学模式建构与研究[D].济南：山东大学，2012：18.

性建议。

（1）教师方面

从教师的角度来说，在主题式教学的过程中，有些课堂活动环节的时间和进度不易把握，这就对教师的教学能力提出要求。教师需要对课堂有较强的掌控力，每项活动的时间不宜过长，在确保学生能够玩得尽兴的同时也要保证英语课堂能够按计划进行。对于学生十分喜欢的活动而课堂时长又不够的情况，可以鼓励学生课下去完成。有时由于教师的语速较快而学生对英语的掌握不够，学生并不能及时跟上教师的进度，教师可以在课前结合主题内容进行有针对性的英文知识储备。在学生无法理解较为复杂的英语时替换成简单的汉语，并用英文将复杂释义再解释给学生，便于学生掌握。还可以在课堂上多使用肢体、面部表情等语言表达，让学生更直观地了解教师表达的含义。或者由了解该词的学生向其他同学解释词义，既克服了师生间交际的障碍，又锻炼了学生的英语理解能力。同时，教师也要努力提升自身的文化知识能力，这样才能有条不紊地开展主题式文化教学工作，以应对学生提出的各种各样的问题。教师如果含糊不清地解答，会使学生更加困扰，打击他们的英语学习积极性。中国文化的学习不仅仅是文化知识和文化技能的教学，更是文化观念的传递。因此教师在进行中国传统文化的主题式教学时，如生肖文化，应充分查阅资料，在了解中英之间的生肖和星座差异之后选取最具代表性的部分进行对比分析，在差异的基础上进行对比教学。

（2）教学方面

从教学的角度来说，主题式教学的课程内容与课堂管理也不容忽视。主题式文化教学要控制好知识点的数量，并注意语言和文化知识的操练与应用程度。教师在进行主题式文化教学设计时，不宜设计太多的新知识点，可以根据知识点的重要性进行不同程度的讲解和练习。对于主题式教学中的重要部分精讲多练，而对于相对次要甚至是扩展部分的内容让学生了解即可，平衡语言训练与教学活动的关系，减轻学生的英语学习负担。同时，教师在跨文化教学的过程中也要注重加强学生听写能力的训练，充分考虑并适当设计一些能够提高学生听力和书写方面能力的主题活动，培养学生成为听、说、读、写全方面发展的人才。教师在进行主题课堂活动时，对于活动的时间也应该控制得当，确保能够在课时内完成，避免因在某一环节停留太久导致课堂时间内完成不了整体的教学计划。这就要求教师能够全面掌控课堂，建立明确的课堂规范和严格的奖惩制度，确保教学活动的顺利进行。在主题式课堂管理过程中，教师在给学生充分空间进行发挥的同时，也要控制好课堂秩序。另外，重视文化体验与教学内容的关联，针对性、实际性与趣味性的结合，也是英语教学中不可缺少的一部分。教师在教学过程中可以通过对比不同文化之间的差异，让学生切身感受到跨文化学习，多思考、多讨论，在不同文化的相互碰撞中加深对主题课程内容的学习。

二、大学英语课堂写作教学的模式

（一）多模态教学模式

1. 多模态教学模式的内涵

多模态教学（Multi-Modeling）是1994年由新伦敦小组（由美国、英国和澳大利亚的教育学家组成）提出的教学理论。他们认为语言学习不仅仅是文字符号在个体大脑内刺激与反应的联结过程，而是多种符号共同作用的结果。[①]多模态教学模式（Multi-Modeling）是一种利用多种媒介调动各种感官，实现学习者能力培养的教学模式。多模态教学模式（Multi-Modeling）在考虑教学目标的前提下，合理利用各种感官、模式，为师生营造一种和谐、愉快、民主的课堂学习氛围，在调动各种感官的基础上发展学习者听、说、读、写、译等各项语言技能。

2. 大学英语写作多模态教学模式的框架

大学英语写作多模态教学模式及应用如下（见图5-4）。

① Kress，G. & Van Leeuwen，T. *Reading Images*：*The Grammar of Visual Design*[M]. New York：Routledge，1996：106.

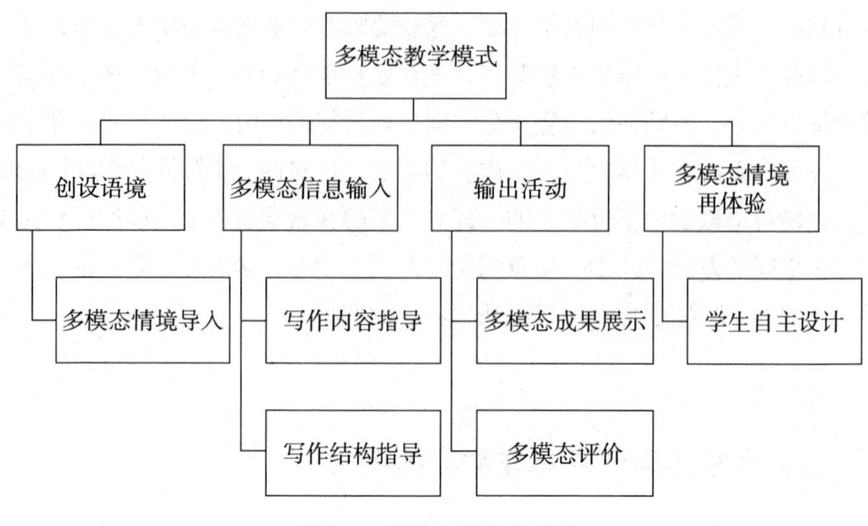

图5-4　多模态教学模式图

步骤一：创设语境（文化层面、语境层面）

多模态情境导入环节，从文化层面和语境层面着手。旨在调动和完善学生现有的思维模式和思想观念，激发学生的学习兴趣。通过设计真实有效的英语语境，插入视听教学手段，结合教师课堂话语的引导，让学生对本节课的主题和文化背景有一个大致的了解。

步骤二：多模态信息输入（意义层面，媒介层面）

从多模态话语分析的意义层面和媒介层面指导写作内容和写作结构。充分发挥语言的三个元功能，即概念意义、人际意义和谋篇意义。从语篇的角度进行多模态输入，注意语言（声音、文字、音响、音调、字体、布局）和非语言（身体动作、面容、肢体动作、PPT、音响、实验室、网络、环境）等媒体形式多模态符号之间协同配合，调动学生的积极性，锻炼学生的批判性思维。多模态信息输入阶段区别于传统的教师主导、学生死记硬背的教学模式。

步骤三：输出活动（形式层面）

从多模态话语分析的形式层面构建多模态写作教学的输出活动阶段，包括多模态成果展示和多模态评价。教师通过组织多样化的活动，充分调动学生语言（词汇，语法）、图觉（图形形体，图形语法）、声觉（声响形体，声响语法）、感觉（感触形体，感触语法）等多种形式，利用多种模态的组合引导学生完成口头作文和作文练习，体现写作学习的过程性。

步骤四：多模态情境再体验（形式层面、媒介层面）

从多模态话语分析的形式层面和媒介层面，构建多模态写作教学的多模态情境再体验阶段，教师要求学生自主创设多模态语境进行写作训练。再体验的目的是加强学生对写作内容和结构的记忆。学生再体验体现对多模态话语的强化作用，有助于写作内容和结构在学生大脑的深刻记忆。

3. 多模态教学模式在大学英语写作教学中的实施

在实际教学过程中，教师在制定教学任务时还要考虑教学设计的四项原则，保证教学效果的最优化。

（1）注意结合多种教学方法

由于模态选择的多样性和灵活性，多模态教学相比以往教学法具有较大的自由度和可变通性。由于一种固定的教学方法或模态无法达到所有的教学目的，所以之前诸如结果教学法、过程教学法、体裁教学法等众多教学法都逃不过到达巅峰又逐渐衰退的命运。固定的教学方法、固定的套路、固定的策略很难带给学生新鲜感和趣味性。多模态教学能够根据教学目标、内容、对象等选择合适的教学方法（情境教学法、暗示法、故事法、任务驱动法、训练输出法），灵活完成教学任务，避免呆板的课堂形式让学生丧失学习的兴趣。如课堂引入环节，完成介绍节日的写作任务时，教师可以播放节日视频结合图片进行情境教学；完成介绍家人的写作任务时，教师可以先通过故事法激发学生的学习兴趣，之后用 PPT 展示写作主题。每一节课都有不同的引入方式，有利于激发学生的学习兴趣。

另外，模态使用并不是越多越好，在PPT中添加太多的图片、播放太多视频容易分散学生注意力，使学生对知识的理解只停留在表象，缺乏实际的运用。结合多种教学方法可以训练学生的实际运用能力，在实际运用的过程中不仅有助于牢牢记忆写作相关的单词和句子，也能够训练学生的逻辑思维能力，培养学生掌握正确的写作思路。

（2）合理规划课堂内容，注意把握课堂节奏

教师是进行多模态教学的指导者，要鼓励学生调动各个感官，积极参与到课堂活动中来。单调的教学活动很难吸引学生的注意力，也就无法调动多

重感官。因此，教学过程中要设置丰富的教学活动，引入丰富的模态组合，同时还要将二者相结合，避免学生对知识的理解仅仅停留在模态表面。在课前，教师需要明确课堂设置的各个环节，如游戏设置的内容、流程、时间，小组讨论的内容、方式、结果，课堂引入环节需要的素材、方法和效果等都要考虑周全，避免出现脱节或混乱的局面。同时，还要设计好备选方案和突发事件应急方案，确保课堂教学有条不紊地进行。

（3）线上线下相结合

随着信息技术的发展，多媒体技术的运用，课堂教学也应与时俱进，呈现出信息化、现代化、多媒体化和创新化的格局。多模态教学应该充分利用信息技术，促进线上教学与线下教学的充分融合，丰富学生学习方式的同时拓展学生的眼界，优化英语教学环境。教师可以利用课上时间通过PPT、板书等形式讲解写作中的重难点知识，配合自身表情动作吸引学生的注意力。还可以利用网络丰富学生的教学活动，如下载网络课件、网络搜索相关问题、网络在线批改和解答问题等调动学生的积极性。在课下，学生可以通过合作交流或网络查询的形式巩固课上内容，或修改作文错误，通过网络批改网进行自我反馈，修改完成后上传网络交给教师点评。教师发布优秀作品供学生品读，学生总结错误问题并进行修正，通过线上线下相结合，学生的写作学习可以形成一个完美的闭环。

（4）设计情景化教学任务

教师在设计教学活动时，要注意背景知识的输入和生活实际的联系，使学生内化所学知识，在熟悉的语境中促进学生学习能力的提高，培养学生实际运用能力。脱离语言文本和实际环境的讲述会使教学任务晦涩难懂，学生难以理解，从而导致兴趣匮乏和成绩不理想，所以教学要与实际相结合。如教师讲授我国传统文化时，可以展示相关图片，引导学生猜测具体节日并讲述节日意义；教师还可以以当前社会热点问题为背景，组织学生进行辩论赛或脱口秀表演，以喜闻乐见的方式培养学生逻辑思维能力和写作语言表达能力。

（二）以读促写模式

1. 以读促写模式的内涵

近年来，在众多研究人员的努力下，“以读促写”这一概念得到了广泛的认可，一些学者也从各个方面给出了关于“以读促写”的界定。Spivey（1990）[①]提出从构造主义的观点来看，阅读和写作的过程为一个意义构造的过程。学习者需要在大脑中形成一定计划，然后结合大脑中的图示，使用已掌握的知识产生对意义的推理，最终学习者能够描述产出自己所读或所写的观点，这就是“以读促写”。Stein（1999）[②]提出，“以读促写”是在阅读中输入目的语言，然后在头脑中对可理解输入的语言进行信息加工，最后根据目的语有条理、有组织地输出语言的过程。Fitzgerald和Shanahan（2000）[③]分别从两个方面给出了“以读促写”的定义。从理论上讲，学生在完成一项写作任务时，所展现出来的是他们自身的能力与品质。从教学角度讲，就是把读写有机地结合起来，从而达到提高教学效率的目的。余立霞在2004年提出了“读写”的概念，即“读”与“写”的相互关系。将英语作为一门外语学习时，必须有相应的语言输入和相应的输出量，才能使学习者在较短的时间内达到预期目的。写就是读的应用，读为写做好了铺垫，大量的输入促进大量的输出。[④]以读促写是一种将阅读作为输入、写作作为输出相结合的语言习得方法。杨琳于2022年围绕“以读促写”的模式展开了实践教学，通过研究提出了“以读促写”的教学模式有三个方面：“巧”用片段教学，根据写作教学侧重点选择文本片段进行阅读，然后进行自由写作；“精”选阅读素材，教学者需要在学生进行片段阅读后进行篇章阅读，要求科学选材，提高阅读质量与趣味性；“妙”用支架教学，首先确定学生最近发展区，然

---

① Spivey，N. N. Transforming Texts：Constructive Processes in Reading and Writing[J]. *Written Communication*，1990（2）：256–287.

② Stein，H. *Fundamental Concepts of Language Teaching*[M]. Boston：Heinle & Heinle，1999：69.

③ Fitzgerald，J. & Shanahan，T. Reading and Writing Relations and Their Development[J]. *Educational Psychologist*，2000，35（1）：39–50.

④ 余立霞.英语阅读与写作的关系[J].齐齐哈尔大学学报（哲学社会科学版），2004（4）：122–123.

后分别从语言，思维和情感方面科学搭建支架，最后开展写作与评价反思总结。①

陈锐英2017年在实践研究中总结出“以读促写”的模式有引入、阅读、口语活动、写作展示和评价五个环节。她强调在阅读过程中要以学生为中心，把复杂的任务进行分解，根据支架式教学理念为学生搭建合理的支架。②

张珍喜2010年在初中英语教学中提出“以读促写”的教学模式，即阅读之前、阅读之中、阅读之后三个阶段的阅读。在读前创设真实语境，筛选与写作目标直接相关的阅读材料，用多种方式练习目标语言，以促成以读促写的迁移。在读中应用阅读策略获取写作所需要的信息，如话题信息、文章框架结构和优秀语言，从而进行记忆和模仿练习。在读后引导学生小组讨论，模仿写作。③

郭强于2016年通过一节读写课进行展示以读促写的模式，即“输入语言信息—以说为主导开展语言活动—以写的方式输出语言”的教学模式。他强调阅读任务可以从三个方面设计：（1）语篇的内容表达及主题；（2）语篇的体裁及文本的结构框架；（3）基于语篇的语言材料的特点。然后通过图示建构任务的设计将学生的阅读信息输入加工内化为形式图示（对语篇体裁、结构的理解）、语言图示（对语篇词汇、句型的掌握）和内容图示（对语篇背景知识和主题的推断）。④

郭强于2016年提出以读促写教学模式的设计应遵循四个原则：（1）输入信息高质量原则：高质和高量输入；（2）阅读和写作的相关性原则；（3）写作支架搭建的有效性原则；（4）书面语言输出环节设计的优化性原则。

董祝君于2018年提出“以读促写”模式要注意：（1）读写活动设计与目

① 杨琳.“以读促写”教学模式在高校英语写作教学中的应用[J].吉林农业科技学院学报，2022（3）：118-121.

② 陈锐英.以读促写教学模式在高中英语写作课堂中的运用[J].英语教师，2017（7）：150-153.

③ 张珍喜.“以读促写”的教学模式在初中英语教学中的应用探析[J].中国科教创新导刊，2010（27）：54+84.

④ 郭强.高中英语以读促写教学模式的实践探究与思考[J].中小学外语教学，2016（3）：35-39.

标保持一致性；（2）读写内容保持一致性；（3）读写活动设计难度适中。[①]

陈纯于2018年提出“以读促写”教学模式应当遵循的三个原则：（1）从文章主题内容进行情感教育；（2）从文章体裁结构增强学生谋篇布局意识；（3）从文章语言入手丰富表达形式。[②]

研究者们共同将“以读促写”的教学模式归纳总结为三个步骤：读前选材精心引入；读中根据学生最近发展区，搭建语言内容结构等方面的支架；读后模仿写作输出。

2. 以读促写模式在大学英语写作教学中的应用

以读促写为学生输入与产出搭建了桥梁，能切实地克服读写分离的现象，对提高学生阅读和写作兴趣卓有成效。本书揭示了以读促写对提高学生思辨能力具有重要意义。因此，教师应对以读促写教学以及定期安排以读促写训练给予重视，具体教学建议如下。

（1）采取各种活动以提升学生的写作水平

教师可以通过设计回读活动、强化表达练习等方式，增进学生协同效应的产生。以读促写之所以能够有效促学，其机制主要来自协同效应。互动强，则协同强，而随互动得以生成的协同作用，对学生语言知识的巩固以及技能的提升均大有裨益。因此，建议教师在教授续写的教学步骤中，尽可能增添些让学生回读原文的活动任务，从而促进学生与原文的深度互动。此外，在引领学生理解探析原文时，也应当有意识地从强化学生协同能力方面着手。一方面，可以通过视听结合、设置问题等形式充分引起学生的注意力；另一方面，侧重对原文目标性词汇、语法句式的讲解和练习，使学生在潜移默化和强化练习中吸纳、内化并运用原文的地道表达和句式，有助于学生逐步扩增词汇语料。

（2）选取恰当材料，降低学生的写作焦虑

首先，续写材料是语言输入的重要载体，对学生后续的语言产出具有深

---

① 董祝君.新课标背景下的高中英语写作教学“以读促写”教学模式初探[J].佳木斯职业学院学报，2018（9）：352-353.

② 陈纯.高中英语读写结合教学模式的尝试与思考[J].英语广场，2018（1）：137-138.

刻影响。教师应从发展性和启发性原则出发，选取难度符合或略高于学生当前英语水平且故事情节富有悬念、合乎逻辑的文本材料，以促进学生读写自我内驱力的生成，进而减少其对写作的回避焦虑和排斥心理。因此，在练习足够多的记叙文续写后，为了维持学生的读写动机，不妨考虑拓宽阅读文本的选择范围。尝试把中西方文化、人文历史、政治经济等内容逐渐融入续写中，以及适当增加其他不同体裁，以充实他们的语言储备和写作内容，有益于学生在今后面对各种写作话题、写作任务时，能够积极构思写作、理清思路、应对从容。

其次，班上学生英语水平参差不齐，教师在具体施教时应循序渐进式地开展有梯度的学习任务，贯彻因人而异、因材施教的教学理念，开展多元的课堂活动，辐射全体学生。如头脑风暴、小组讨论、学生互评等，鼓励学生释放想象力，自由发表、陈述自己的观点。让基础薄弱的学生也能在“小步调”学习中取得成就感，培养学生写作自我效能感，增进写作热情，从而达到缓解写作焦虑的目的。

（3）促进输入强化与以读促写的融合

在实际教学中，教师可将输入强化这一外部手段有效地与以读促写教学相融合。输入强化手段能够调整学习者在以读促写中的有效注意资源，使学习者在关注内容的同时也关注到语言形式，有效提高大学生英语以读促写的成绩，尤其是语言和内容上的得分。因此，教师可以基于以读促写所创设的真实语境，利用输入强化这一手段进行诸如语法、词汇、句法等知识的教学或巩固复习。在这一过程中，教师可以根据教学目标，合理修改部分语言内容，将目标语言形式嵌入以读促写材料中，增加前文中目标语言形式出现的频次，以提高学习者对目标语言形式的注意并与之协同。但值得注意的是，资源是一个整体、有限且单一的储存库，因此，教师在强化的时候应控制好强化的数量，帮助学生在注意形式与注意内容之间取得平衡，充分利用注意资源。此外，鉴于过难的语言结构的强化效果并不理想，所以教师在选择目标语言结构时还应该充分考虑学生的语言水平。

（4）强化以读促写，提升语言准确性

大学英语教师应致力于利用强化以读促写任务提高学生写作的语言准确性。输入强化手段能够重新分配学习者的注意资源，加速时态、非谓语等语言形式在学生脑海中的内化，巩固学生的心理表征，最终达到减少语言形式偏误的作用。此外，鉴于输入强化的易操作性和灵活性，教师可以根据学生平时容易犯错的语言项目，有目的地、有针对性地选择以读促写的语言项目进行强化，做到因材施教。

（5）内隐与外显学习有机结合，以增强协同效应

学生续作中的语义偏误并不能得到改善，这是因为输入强化手段只是帮助学生分配了注意资源，但是如果学生没有操控意识去学习目标语言项目的话，输入强化本质上还是属于一种内隐学习手段。因此在英语句法教学中将内隐与外显教学结合起来，比单纯内隐或外显的方式更加有效。此外，先内隐后外显的教学顺序更有利于学生掌握句法规则。据此，教师在对某些目标结构，尤其是复杂度较高的目标结构强化后，有必要对其进行进一步的讲解。例如，采取形式聚焦的方式对输入进行处理，即教师提供给学生需要掌握的语言形式，并组织学生就这些形式开展讨论，或者列出学生必须使用的一些重点语言形式等。再如，教师也可以利用互动引导任务，即让学生完成梳理式的、归纳式的互动引导练习，进一步加深对目标语言项目的理解。

第四节　大学英语课堂阅读与写作教学促学评价的策略

一、大学英语课堂阅读教学促学评价的策略

（一）教学评一体化与大学英语阅读教学的关系

教学与评价在课程设计和教学环节中扮演着关键角色。教学与评价的相

关研究历经时代的演变，其研究视角不断拓宽，涉及的语种和课型也不断充实。教学与评价在英语教学尤其是阅读教学中的应用研究并不多，且主要集中在理论研究层面，而使多种评价方式相结合，以促进教学与评价一体化的课堂教学成为近年来的研究热点。

在理论方面，Zamel（1985）提出评价标准的制定方法，认为教材是制定标准的重要依据。①Airasian（2000）介绍了档案袋、自我评价和同伴评价等多种评价方式，在英语阅读教学中的运用策略，促进教学与评价的一体化。②Davison & Leung（2009）基于泰勒目标模式，提出能够运用在外语阅读教学中的“TLA”理念及模型，强调在教学中要整合教学、学习与评价，发挥评价在教学中的主体作用，实现了三者之间的整合和相互促进，通过教师和学生为实现目标而展开的互动活动来提高阅读教学的效果。③李亮（2018）在研究中展示和分析了一些基于项目式教学与教、学、评一体化相结合的高中英语阅读教学案例，探讨了这一新模式在当前英语学科核心素养背景下的有效性。④郭晓悦（2020）根据英语阅读教学的现状，对语篇、学情、教学目标、学习成效等方面进行研究，进行基于教、学、评一体化的高中英语阅读整合教学设计，以促进育人目标的实现。

在实证研究方面，Anastasiya & Jeffrey（2009）研究大学生的英语阅读学习时发现，学生普遍认同详细的教学评价是课堂中最有效的反馈形式。⑤Potts（2017）通过一段时期的课堂观察了解英语阅读课堂的教学与评

① Zamel, V. Writing: The Process of Discovering Meaning[J]. *TESOL Quarterly*, 1985, 34 (2): 79–101.

② Airasian, P. W. *Assessment in the Classroom: A Concise Approach*[M]. New York: McGraw–Hill, 2000: 117.

③ Davison C., Leung C. Current issues in English Language Teacher–based Assessment[J]. *Tesol Quarterly*, 2009, 43 (3): 393–415.

④ 李亮.核心素养背景下教—学—评一体化设计与实践——以高中英语项目式教学为例[J].中小学教师培训，2018（10）：62–66.

⑤ Anastasiya, A. L. & K. S. Jeffrey. I Really Need Feedback to Learn: Students' Perspectives on the Effectiveness of the Differential Feedback Messages[J]. *Educational Assessment, Evaluation and Accountability*, 2009, 21 (2): 347–367.

价现状，指出以学生为中心展开教学与评价相结合的活动有利于营造轻松愉快的课堂氛围，促进学生的英语阅读学习。[①]韦珠祎（2019）以“互动—反馈—改进”的特征为着手点进行高中英语阅读教学的探究，通过注重评价对象的互动性、评价方式的多样化以及评价内容的多元化来提高学生阅读水平。[②]华萌萌（2021）从英语学科核心素养的四个方面入手，建构基于教、学、评一体化的初中英语阅读教学新模式，并通过研究证明了这是一种有效的教学方式。[③]

通过对教、学、评一体化相关研究的横向与纵向梳理可以发现，学者们普遍认为，教、学、评一体化在阅读教学中扮演着极其关键的角色。基于教、学、评一体化的教学设计，可以为师生提供及时有效的反馈信息，并能够推动教学质量的提高，改善学生学习态度、兴趣和学习能力等，对英语阅读教学具有重要的意义，能够解决当前英语阅读教学中存在的部分困境。

但从总体上看，当前的研究成果还无法充分展现教、学、评一体化在课堂教学中的运用情况与效果，具有理论研究多、实证研究少的特点。相关研究偏向于策略层次的探讨，部分面向教、学、评一体化的教学相关研究通常以某一课时或者某个单元的教学设计为主，对于多个课时或者单元的教学设计及其教学效果的验证，以及实施过程中遇到的困难和解决方案还缺少一定的研究。而大学英语学科在这一方面的研究更是少之又少。如何进行基于教、学、评一体化的大学英语阅读教学，所取得的教学效果如何等问题，还需广大学者们去探究。

---

① Potts K. V. *Methods used in creating a Student-Centered high school chemistry lesson*[D]. State College：Penn State University，2017：221.

② 韦珠祎.形成性评价在高中英语阅读教学中的策略探究[J].基础教育研究，2019（21）：47-49.

③ 华萌萌.核心素养背景下初中英语阅读课的教、学、评一体化设计与实施[D].山东师范大学，2021：26.

（二）大学英语阅读教学促学评价的实施

1. 构建教—学—评融通互促体系

教学评价贯穿于大学英语教师阅读教学与学生阅读学习的课堂活动中，是控制大学英语阅读教学质量与学习质量的有效方法。下面从理论层面分析评价—教学、教学—学习、评价—学习之间的关系，从完善教、学、评一体化制度、增强教学评价意识、正确利用大学英语阅读课堂教学评价反馈信息三个维度，提出实现有效教学的具体措施，为设计并运用一体化模式进行大学英语阅读教学提供操作指南。以下通过建立教学模型阐述三者之间的关联。

（1）“评”对“教”的机制作用

①课堂评价与教师教学模型。大学英语阅读课堂评价与教学的关系如图5-5（评价—教学框架体系）。大学英语教师依据大学英语阅读课程标准，制定教学目标及评价标准；通过评价任务的干预，调整教学方案；评价标准逐步完善形成评价规则，评价意识指导实际的大学英语阅读教学；大学英语阅读课堂评价与教师教学相互融合实现迁移创新，直至完成教学目标。在这一过程中，大学英语教师要检查大学英语阅读教学目标与评价任务是否存在一致性，充分了解大学英语阅读教学情况，从而提高大学英语阅读教学的良好效果，促进教师自身教学经验的增长。

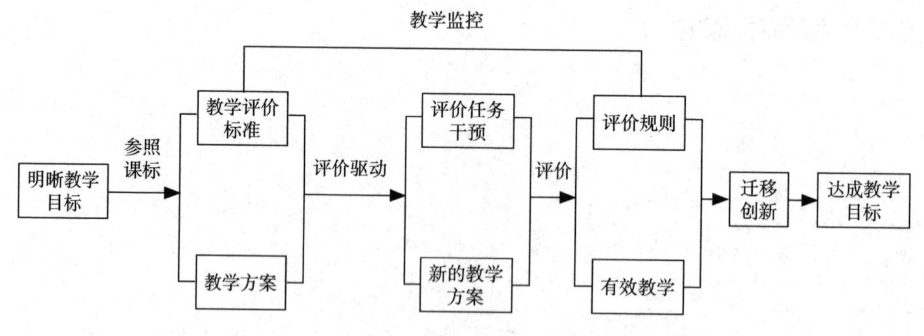

图5-5 大学英语阅读课堂评价与教师教学模型

②评教整合，实现以评促教之策。

第一，构建科学合理的评价—教学制度。建立评教制度，准确收集针对大学英语阅读教学目标的信息，基于教学情境与学生身心发展的实际，制定行之有效的大学英语阅读教学评价指标体系。教师要从大学英语阅读课程标准到教学目标，再到教学评价标准稳步推进，由评价标准驱动教学设计且评价标准为定量，评价标准是对教学目标的进一步细化，通过评价规则激发，多次监测、调节教师的教学方案，使教师以评价主体的身份参照监测教学。边评边教，评即教，教中有评，评与教一体。

第二，增强教学评价意识。由于当前部分大学英语教师在大学英语阅读课堂教学中对表现性评价的忽视，大学英语阅读课堂教学效果受到一定程度的影响。因此，必须提高大学英语教师对阅读课堂教学评价工作的重视。教师是教学实施的主体，教学效果直接影响到学生的学习效果，唯有将大学英语阅读教学评价镶嵌于日常的教学活动中，教师才能不断提升业务水平和综合素养。

第三，正确利用课堂教学评价反馈信息。教师的服务对象是学生，学生的教学行为也是教学的一面“镜子”，学生在学习过程中的典型问题是对教学的反馈。因此，教师要正确利用大学英语阅读教学评价反馈信息，真正关注学生的具体行为表现，包括学习能力和学习态度，从而进行有针对性的大学英语阅读教学，真正实现以评促教。

（2）“教”与“学”的机制作用

①教师教学与学生学习模型。大学英语教师的阅读教学与学生阅读学习的关系如图5-6（教学—学习框架体系）。师生在大学英语阅读教学目标的指导下，共同拟定评价标准，制定教学方案和学习方案；通过评价任务驱动，调整大学英语阅读教学方案和制定新的学习方案；运用评价标准多次撬动教师和学生构建认知结构；教学与学习在大学英语阅读课堂评价的调节下相互融合、相互促进，实现迁移创新，直至达到大学英语阅读教与学的目标。在这一过程中，大学英语教师的阅读教学方案与学生的学习方式始终围绕教学目标上下波动，实现教学相长。

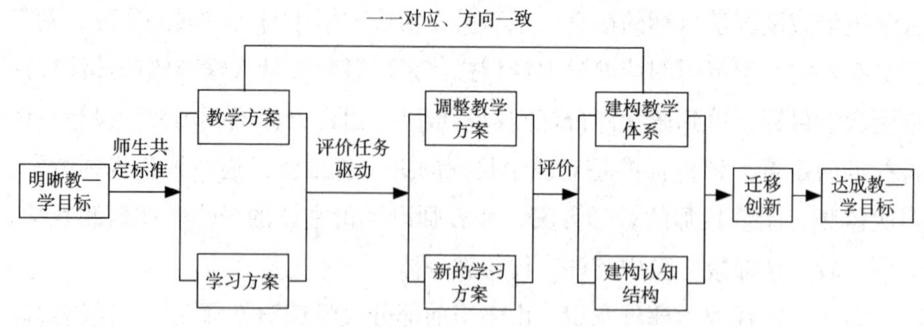

图5-6　教师阅读教学与学生阅读学习模型

②教学整合，实现教学相长之策。一方面，大学英语教学是教师的“教”与学生的“学”的双向奔赴，“有教必有学”“有学必有教”，教与学的内容、行为一致。因此，在进行大学英语阅读教学设计时，教的内容和学的内容保持一致，且教师在发令后学生应采取对应的行为解决问题，同步进行；另一方面，教师的“教”与学生的“学”都是为了达到一定的教学目的，即共同指向大学英语阅读教学目标。在进行大学英语阅读教学设计时，教学活动与学习活动在评价的驱动下前进，直至实现教学目标。

（3）“评”对“学”的机制作用

①课堂评价与学生学习模型。大学英语阅读课堂评价与学生的阅读学习的关系如5-7（评价—学习框架体系）。教师制定大学英语阅读教学目标，学生参考设定自己的阅读学习评价标准；学生在评价任务的驱动下调整阅读学习方式，学生依照自身的阅读评价标准形成评价规则；在评价规则的引导下实现迁移创新；参考评价标准，直至完成学习目标。同时，鼓励学生检查自己的阅读学习目标与评价任务是否存在一致性，使学生充分地了解自己的学习情况，掌握高效学习英语阅读知识的方法，促使学生丰富自身的阅读经验。

②评学整合，实现以评促学之策。

第一，构建科学合理的评价—学习制度。建立评学制度，教师要引导学生制定行之有效的大学英语阅读评价体系。学生积极参与到大学英语阅读课堂评价活动中，有助于学生在原有的认知基础上建构新的知识体系，通过参照标准——评价规则不断改进自己的阅读学习方式。因此，学生应积极主动地投入阅读教学评价活动中，以评价主体的身份参照评价标准监控和调节自己的学习行为，边评边学，学中有评，评与学一体。

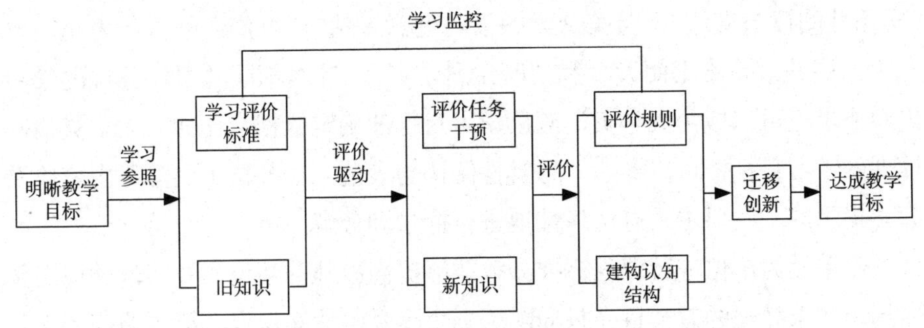

图5-7　大学英语阅读课堂评价与学生阅读学习模型

第二，增强评学意识。学生要重视形成性评价，积极参与评价标准的制定，自主开展阅读学习。大学英语阅读评价中发现的典型问题要及时予以跟进、解决，不断完善自己的阅读学习表现，从而检验阅读学习的效果，真正实现以评促学。

2. 大学英语阅读教学评一体化的实施策略

（1）科学设计阅读学习目标

科学合理的学习目标其实就是将学科核心素养具体化。大学英语阅读教学承担着培养学生思辨性思维的重担，要想出色地完成这一培养目标，首先，教师需要转变思路，以学生为学习的主体，关注学生怎么学、学什么以及学到什么程度而不是教师要教什么、怎么教；其次，还要能够准确分解课程标准、分析英语阅读教材和学情，设计制定出科学合理的大学英语阅读学习目标。

①目标指向素养：培养学生思辨能力。大学英语阅读教学要求培养学生的思维能力，培养学生比较分析、归纳判断的能力。英语阅读能够锤炼人的思想，提高学生的思维辨析能力。因此，大学英语阅读教学的目标设计需要体现出教师发展学生阅读素养、培养学生思辨性能力的强烈意识。大学英语教师在目标设计时需要考虑，学生学习哪些知识、通过什么方法和活动能够锻炼学生的思辨思维，促进学生理性思维的开发。

②分解课程标准，为学习目标寻找科学依据。大学英语阅读教学的要求是学生确立阅读学习目标的一个关键依据。大学英语阅读课程设置了三个层面的学习任务群，分别是第一层的“英语语言知识积累与梳理”，第二层的“实用性阅读与交流”“英美文学阅读与创意表达”“思辨性阅读与表达”以及第三层的“整本书阅读”和“跨学科学习”。针对不同学习任务群的学习内容要求也可以成为大学英语阅读学习目标的确定依据。比如，大学英语阅读课的学习目标便可以参考“思辨性阅读与表达”任务群中的学习内容以及教学提示的一些要求，有选择性地进行摘录和分解。

以单元为单位进行课程标准分解能够提高教师的站位，开阔教学视野和格局。如果教师的教学目光只局限于一个个零碎的知识点，英语阅读课文与课文之间的学习只是拼接并列关系，则不利于发挥单元学习的合力。教师对单元学习目标了然于胸，向上可以接洽学生阅读素养的培养，向下可以合理规划学习每篇英语阅读文章所需要达成的学习能力目标。

③分析教材内容，把握编者意图。在分解课程标准对单元学习目标整体掌握的基础上，还需要对大学英语阅读教材内容进行分析，把握编者逻辑上循序激进的意图，更进一步精确梳理英语阅读课的学习目标。

④把握学生学情，找到学生学习的起点。如果说分解课标和分析教材是在为学习目标寻找科学依据，那么把握学生学情则是为学习目标的制定提供合理的依据。学习目标是制定学生学习的终点，也就是学习要达到的目的地，但在此之前需要了解学生学习的起点在哪里。另外，英语学科不像其他科目那样能够通过前测获得精确的数据，因为英语要考察的不仅是学生对某一个知识点的掌握，还有学生的英语知识经验、能力素养、生活经验等。这要求大学英语教师掌握学生学情的方法要更加灵活多样。除了通过前测获得诊断评价，还可以在生活中对学生多加了解。教师不仅掌握班级学生整体的水平，还要对学生与学生之间的差异了然于胸，更加合理地制定不同等级学习目标之间的达成度。

⑤学习目标叙写：清晰、可评、可测。学习目标是教和学双方合作实现的共同目标，它着眼于教师的教，落脚于学生的学，其主体是学生。清晰、可评、可测的阅读学习目标，有利于有效组织和实施大学英语阅读课堂教学，准确了解学生反馈，是对大学英语阅读课堂教学中学生发生变化的一

种预设，叙写清晰、可评、可测的学习目标是非常有必要的。所谓的学习目标清晰、可评、可测，就是指从大学英语阅读学习目标的叙写中就能够明了“学生学什么，学到什么程度”。大学英语阅读学习目标不仅要用一个外显的可观测的动词表述出学习的结果，还要明确学生完成学习目标的标准和学生达成学习目标的方式。比如，通过梳理英语课文和小组交流，所有学生都能够准确说出本篇课文的论证思路。“通过梳理课文和小组交流”是学生达成目标的方式，“说出本篇课文的论证思路”即学习之后要达成的阅读目标结果，用“说出”这样一个外显的可观可测的动作来代替“把握”“理解”这样无法直接测量的词语，“所有学生”“准确说出”就是在明确完成阅读目标的标准。

（2）教学评估任务化：在学、教中评估

在确定目标的前提下，设计教学评价其实就是设计教学评估任务和评估标准。与以往的顺向教学设计不同，逆向教学设计的思路是在确定学习目标之后便依据学习目标设计教学评估，根据教学评估设计学习活动。大学英语阅读教学评估任务化，也就是将完成学习目标的过程变成直观可测的任务，教师在学生完成阅读任务的过程中获得评估的证据。学生对阅读学习内容的理解掌握情况从直观的评价任务的完成度中体现出来，教师可以根据学生任务完成反馈情况，及时调整大学英语阅读教学进度和教学方法，久而久之便能够形成一套科学有效的大学英语阅读教学体系。

①创设表现性任务。大学英语教学要培养学生在真实情境中灵活运用知识的能力，具体到大学英语阅读教学中，就是培养学生在真实情境中进行阅读思辨的能力，促进学生阅读思辨性思维的形成。阅读表现性任务可以使学生的阅读思维可视，学生在完成阅读任务的过程中可以锻炼阅读思辨性思维和创造能力，同时也将他们的阅读思维和能力在这个过程中展示了出来，变得可以观测。因为设置阅读表现型任务能够引发学生的阅读相关表现，从学生的表现中可以直观地看到是否达成阅读学习目标。比如，大学英语阅读教学中往往需要学生掌握阅读思路方法，那么怎么样才算掌握了这篇英语文章的思路方法了呢？针对这样一个目标就可以设置画文章结构图的任务，使学生的阅读思维过程可视化，能够完整清晰地画出文章结构图便是掌握了这篇英语文章的思路方法，达成了这一学习目标。

②设置合理的评估标准。表现性任务内在包含“任务设计”与“量规设计”两部分。所谓的量规设计，其实就是针对上述的表现性任务设计合理的评估标准，是判断和解释学生对目标掌握程度的标准，为学生的学习提供参照。在大学英语阅读教学中，创设阅读表现性任务的同时还需要设计与之匹配的阅读任务评估标准，对学生的任务完成情况进行描述与评价。学生也可以将自己阅读任务完成的结果与任务评估标准进行对照，完成自己对自己的评价，知道自己哪些方面达成了目标，哪些方面还可以改进，还可以往哪些方面提高，从而进行自我反思、调节与改进。评估的目的不是告诉学生合格或不合格，而是给学生的自我提升提供一个支点。

③评估主体多元化。评估不仅仅是教师的特权，在教师对学生进行评估的基础上，学生也可以对教师进行评估，学生也可以对学生进行评估，甚至学生也可以对自我进行评估。应当重视学生的自我评估，因为学生自己对自己进行评价的过程，也是他们进行自我反思提高的过程。当教师给出详细的阅读任务评价标准，学生便可以一目了然地进行自我评估或学生和学生之间相互评估。这个过程可以帮助学生不断进行自我审视和自我完善，对培养学生英语阅读素养有着事半功倍的效果。

（3）指向学习目标灵活开展学习活动

学习活动是教学过程中的最小单位，教学活动是指在教师的引导和促进下，学生自主参与的、能动性的主体认识活动、实践活动和交往活动。学习活动是从学生的视角出发，更强调学生“学”的真正发生，而不是强调教师“教”的有效发生。目前，仍然活跃在大学英语阅读课堂上的活动大多是以教师为中心、知识为中心或经验为中心，这样的活动不符合学生的心理，难以调动学生学习英语文章的主观能动性和积极性。在逆向教学设计思维中，学习活动应该依据评估任务而设计，为高效达成阅读学习目标，设计阅读学习活动时要关注指向性的问题，阅读学习活动和评估任务是否都指向阅读学习目标，三者是否始终保持一致。除此之外，还需要根据英语文章的特点、学生的学情、大学英语阅读教学内容等灵活制定阅读学习活动，调动学生阅读学习的主动性，激发学生阅读学习的积极性。学生只有乐学、爱学才能够主动去学，才能够积极主动参与教师的教学过程并从中获得知识，从而提升能力。

①活动方式：自主、合作、探究。大学英语阅读教学要培养学生的深度思维和思辨能力，但是传统的大学英语阅读教学以教师为中心，师生之间的互动往往是一些碎片化的问答，不能很好地激发学生阅读学习的积极性，锻炼学生的阅读思维探究能力，无法满足培养学生阅读素养的要求。课程标准要求教学以学生为主体，让学生做课堂的主人，在大学英语阅读学习活动中注重学生之间的自主、合作、探究，教师根据英语文章内容抛出具有探究性的问题，鼓励学生与学生之间，学生与教师之间进行平等合作交流，并将讨论结果与同学和教师分享。面对复杂问题学生需要调动自身高阶的思维能力对信息进行加工、对问题进行分析，最后组织语言进行表达。所以学习活动以自主、合作、探究的方式进行是培养他们分析创造能力的有效途径。

②活动指向：在实践中学以致用。针对上述提到的大学英语阅读教学要注重表现性任务、创设真实情境，那么学习活动就是指导学生在真实情境中实践。因为课程标准更注重学生学了什么知识，以及将所学知识运用到实际生活中的能力，所以教师在设计阅读学习活动时，要根据所学内容和学生的心理规律创设真实的情境，激发他们阅读学习的欲望，运用学习到的阅读知识进行阅读实践活动。例如，教师可以让学生在真实的情境中尝试辩论、演讲、写发言稿等活动，真正做到学以致用。学生想要完成这些活动势必要先学会英语阅读知识，然后再将其运用到这些实践活动当中，在完成实践活动的过程中锻炼学生的信息加工能力和阅读思辨性思维。

二、大学英语课堂写作教学促学评价的策略

（一）写作评价

写作评价作为写作教学的关键环节对写作教学质量具有决定性作用。学生的写作动机和态度会直接受到写作评价方式和评价效果的影响。传统教学中的写作评价方式通常是以教师为中心的，这种评价模式机械且单

一，只关注评价结果，忽视了学生的学习过程。《大学英语教学指南》明确提出在开展评价活动时，评价标准可以由师生协商制定，使学生在写作时能够明确写作目标，在评价活动中学生能给予评价标准完成自评和同伴互评，实际教学中的评价应当采用形成性评价与终结性评价相结合的多元评价方式。

章玮（2009）分别从四个方面描述多元评价模式的特征：评价主体多元化、评价内容多元化、评价形式多元化和评价标准多元化。

1. 评价主体多元化

在英语学习过程中，虽然教师在引导学生学习和掌握知识方面起着不可替代的作用，但学生作为学习的主体，应能够根据自己实际的学习情况，为自己制定学习目标和相应的学习策略，并要学会不断优化调整自己的学习。然而，由于客观条件的限制，教师无法对每个学生进行全面的评价。因此，教师应重视不同评价主体的作用，将教师评价、自我评价和同伴评价相结合，提倡评价与被评价主体之间的互动。这样，教师的角色从权威转变为组织者、引导者和促进者，学生也从被动的评价主体转变为积极的参与者。根据不同评价主体，评价可分为自我评价、同伴评价、教师评价、师生共同评价等。

2. 评价内容多元化

在传统的写作教学模式中，教师往往总是注重对语言知识的讲解，而忽视了写作表达技巧的练习，导致教师在写作评价时只注重单词拼写以及语法点，而不注重文章的内容和结构。如果教师和学生能够在评价中讨论文章的内容和结构，那么写作就可以促进师生以及生生之间真正的交流。

3. 评价形式多元化

传统的教学评价往往以阶段性的终结性评价为主，如期中考试、期末考试和其他各级别的考试。除了终结性评价，在实际评价活动中教师应当结合形成性评价，也就是在教学中教师要对学生进行发展性评价。具体表现为教师基于教学目标，根据具体教学活动选择多种评价方法，监控学生学习过程，并及时反馈学习信息。具体形式包括课堂活动和课后活动，如课堂测验、课堂评价量表、家庭作业、档案记录、面谈等。

4. 评价标准多元化

评价标准只是在评价活动中衡量评价对象的界限或指标。评价标准需要和评价活动的目标保持一致，因此写作评价标准也需要和写作教学目标保持一致。在写作教学中，学生应当知晓评价标准，教师也可以和学生协商调整评价标准，有助于学生从被动的接受者成为主动的参与者，也能更好地引导学生依据评价标准进行写作和评价。

（二）大学英语写作促学评价的实施

1. 教师具有较强的目标意识

崔允漷（2013）提出清晰合理的目标是教—学—评保持一致的关键，只有教、学、评都基于共享的目标开展才可能使三者保持一致。掌握学习理论也主张对教学目标的重视，认为教学目标的设计是实施好“掌握学习”的前提。逆向教学设计强调教学基于目标展开，教学过程即逐渐靠近目标的过程。因此，英语教师完成英语写作教—学—评一体化的前提，就是能够确定清晰的写作教学目标，要求教师具备足够的目标意识。根据问卷调查和访谈结果，大部分教师都会在英语写作课前制定写作教学目标，这说明大部分教师都具有较强的目标意识。

2. 运用评价量表，制定科学的评价标准

当我们确定了学生需要达到的预期写作目标之后，紧接着要做的是明确怎么样才算达到了目标？比如将目标确立为“能用充分的论据证明论点”，一定要追问“怎样才算充分？”即明确写作评价的标准。教师经常以自己的主观经验作为评价标准，认为“能运用多种修辞显示出文采”的作文就是好作文。但是这一主观经验并不适用于新闻类、评论类等文章，不同的文体有着不同的评价标准，同一文体下不同写作任务的评价标准也存在着差异。因此，教师凭借主观经验来评价学生的习作是不可取的，制定指向特定的写作目标及任务的评价标准，是客观有效进行评价的前提，也是让学生充分理解写作目标的必要工具。制定写作评价标准不仅可以提高评价的信效度，为学生客观反馈目前的写作水平，还可以提供明确的发展方向，从“茫然地写”变为“有目标地写”；不仅可以及时地为学生提供评价反馈，还可以让学生随时自我监测和反思，强化自我主体意识；更重要的是评价标准不只是一个固定的用来测评学生作文的工具，而是一个富有启示性的学习支架，帮助学生拓展思维，建构自己对写作要领的认知，让自己的认知最大限度地“被看见”。

（1）写作评价量表的制定

表现性评价的评分工具和评价方法包括核查表、表现清单等很多内容，在这里重点探讨等级评价量表的制定。等级评价量表清楚地界定了各个评价维度的不同水平分别是怎样的，不仅可以给学生提供写作方向，还可以指导学生向上一级水平发展。而且等级评价量表对于人们来说并不陌生，最常见的如“诗歌朗诵评分表”，由评判项目、评判标准、赋分和得分四个部分组成。写作教学中的表现性评价量表与之类似，包括评价指标、水平等级、表现描述和样例说明四个部分。

制定写作评价量表的路径大致有两条：一条是借鉴国内外现成的评价量表，根据实际教学需要加以改造，为我所用；另一条是依据写作学习目标和任务，结合学生的写作水平开发新的量表。目前，有很多成熟的写作评价量表可以供一线教师参考借鉴，如美国“6+1 要素”作文评价量表是一个基础通用的作文评价标准，评价指标包含：想法和内容、组织、口吻、措辞、通顺、规范和呈现。量表将每一个性征细分为优良、及格、不及格三个层级二级指标，每一个二级指标层级里又有更详细的三级指标。

除了基础通用的写作评价量表，我国还有诸多研究者开发了适用于不同写作文体的评价量表。如陈沛构建了初中记叙文写作评价指标框架，包含6个整体指标和24个分项指标，并以“谋篇布局”指标为例做了量表示例。还有罗贵英构建了初中议论文的评价维度模型、评价指标模型以及评分量表。

教师可以根据实际需求有选择地借鉴使用。如果没有合适的评价量表，也可以自己和同事、学生共同开发，评价量表的开发模式是自上而下——从评价的目标和任务出发，采用演绎的思维方式，从抽象到具体。

（2）写作评价量表的具体步骤

第一步：依据目标，提炼评价指标。完成这一写作目标的重要表现方面和成果。如写作目标为“语言表达要流畅”，就需要思考要从哪些方面来评判呢？可以从“词语选用”“修辞运用”“句式变换”等方面来评价学生作文的语言表达。其实类似于细化写作表现目标，将达成这一目标的具体方面作为评价指标，该指标不仅仅是评价维度，也为学生如何达成目标提供努力的方向。

第二步：基于学情，划分水平等级。将每个评价指标划分3—5个不同的等级水平，并准确描述每个等级相对应的学生具体表现，提供示范样例，便于学生理解。如“词语选用”划分为三个不同的表现水平，分别为词语运用生动、词语运用准确、个别词语搭配不当。教师在划分等级时需要注意的是可以根据大部分学生的水平，先确定中等水平的具体表现，再向上一级和下一级进行延伸。例如，班级学生的词语运用能力整体较差，可以将正确使用词语作为较高水平；若学生的词语选用水平基本已经可以准确使用，可以将生动使用词语作为较高水平，这样可以保证等级评价量表适用于学生的写作水平，并且大部分学生可以得到指导。语言描述不同的等级表现要清楚具体，让学生能够完全理解，并提供相应的示例。

（3）写作评价量表的注意事项

等级评价量表制定好之后，可以借助“好的评价细则应具备的条件”对其进行检测，确保评价量表的有效性。可以从三个方面来评价量表的质量：内容要涵盖表现或成果的不同水平，并排除那些无关紧要的内容；语言描述必须足够地清晰，使得教师、学生和他人对评价细则的内容和术语都有一致的理解；实用性强，教师和学生能很快地掌握它的用法。

在制定写作评价量表时则需要注意以下三个方面：第一，写作表现目标和任务具有开放性的特征，因而可评价的方面有很多，但是评价指标过于细致或全面，教师和学生容易抓不住重点，迷失方向，面面俱到容易导致一面不到，还会为评价增加负担。因此，写作评价指标不宜过多，三至四个比较适宜，教师要引导学生将本次写作训练重点作为评价指标。第二，要想师生对评价标准有一致性的理解，最好的办法就是教师和学生共同制定评价标准，学生参与制定的过程即理解写作目标、找准努力方向的过程，并且可以帮助学生建构自己对如何达成写作目标的认知。第三，评价量表最大的作用不是让教师客观地评价学生的作文，而是让学生利用评价量表，指导写作重点和方向。要实现这一作用，必须把写作评价量表教给学生，让学生充分了解评价量表。除了上述提到的让学生参与制定过程之外，还可以让学生尝试着给别人讲述评价量表，以深化对评价量表的理解。

3. 遵循创设原则，创设多样的评价情境

学生写作行为不是一个孤立的存在，会受许多“看得见的”和“看不见的”情境场影响。

写作学习根植于情境活动中，写作学习不能与交际世界分开，总是存在于由写作者、读者和其他情境元素所组成的复杂的社会环境中，因此，设计情境是写作教学之本。

在写作教学中创设情境，不仅可以激发学生的写作动机，打开学生的写作思路，还可以让学生进入写作状态，有话想说、有话可写。

（1）写作表现情境的创设原则

第一，情境与写作教学目标、学习元素要保持一致。写作情境创设的目的是让学生快速进入写作状态，进而完成写作目标，因此情境必须与写作目标和关键学习元素高度契合。

第二，情境要与学生的生活经验对接。在写作情境的创设中融入生活因子，可以让学生回忆亲身生活经历，调动并运用学生的生活经验，将自己的所思所感所悟写到文章中，可以很好地对学生的写作学习产生支撑作用。如若情境脱离学生的生活经验，则会让学生无处下笔，胡编乱造。

（2）写作表现情境的创设策略

策略一，基于学习元素设计情境。教师首先根据写作目标确定学习元素，然后再为这一学习元素选择合适的情境，以便让学生运用并内化这些元素。尤其需要注意的是，该情境不是唯一的，只要与“学习元素”相契合，选择怎样的情境相对自由。在写作教学中运用时，还可以根据学习元素的不同，选择更适宜的情境类型。例如，若学习元素是考虑不同的写作对象，那么包含话题、读者、目的等要素的交际情境更为适宜；若学习元素是完整叙事，则可以选择活动情境，如让学生亲身经历一种情境，更有助于完成写作目标。

策略二，基于问题链设计情境。问题能激发学生的思考，由有启发性、情感性的多个问题组合构成的问题链，可以持续不断地唤醒学生的思维活动，从一般到个别、具体到抽象，将学生的思想引向更深处。从而让写作活动步步深入，让学生在思考中写成佳作，既能让学生有话可写，还能让学生所写内容深刻有高度。

三、基于动态评价理论的二语写作多元反馈模式构建研究

近年来，在二语写作教学中，反馈与评价是教师及研究者持续关注的热点。随着过程写作法的兴起，二语写作评价的重心由关注写作成果转移到写作过程和写作反馈。①但是反馈研究面临一个困境：虽然教师和学生都认识到反馈对提高学生学习能力具有重要意义，然而学生对反馈质量和数量表示不满，且研究显示学生缺乏有效利用反馈信息的能力。

学生既可以是学习者，也可以是评价者和反馈者，可以通过教师反馈、同伴反馈、自我评价等多元反馈形式促进自我发展，如增强反馈参与意识、促进与同伴交流，培养反思能力，减轻写作焦虑等。②近年来，随着反馈的过程概念转向，反馈研究开始关注学生如何参与反馈，如何更好地设计反馈以促进学生的参与度。鉴于此，文章借助动态评价理论，基于反馈素养概念，探究大学英语写作多元反馈模式，提高学生反馈参与度，促进其自主学习能力发展。

（一）动态评价理论

动态评价，又称为学习潜能评价（Learning Potential Assessment），是“对通过评价者和评价主体之间的互动及评价者的介入、探索和研究评价主体潜在发展能力的一系列评价的统称”③。动态评价理论关注学生的最近发展区，帮助学生克服障碍，以最大限度地帮助学生超越当前的水平。④在我国，

---

① 屈琼，刘媛媛，兰宁艺.国内二语写作反馈研究现状与趋势的可视化分析[J].外语电化教学，2021（3）：37–43.

② 刘兴华，纪小凌.大学英语写作同伴评分的可行性和有效性研究[J].外语界，2018（5）：63–70.

③ Lidz C. S. Dynamic assessment（learning potential testing，testing the limits）[A]. *Encyclopedia of Psychological Assessment*[C]. In R. Fernandez–Ballesteros（ed.）. London：SAGE，2003：337–343.

④ Rezaee A. A.，Alavi S. M.，Razzaghifard P. The impact of mo–bile–based dynamic assessment on improving EFL oral accu–racy[J]. *Education and Information Technologies*，2019（5）：3091–3105.

动态评价理论在外语教学研究中尚处于引介阶段。韩宝成综述了动态评价理论在国外二语习得领域的相关研究[①]；刘森和武尊民梳理了国外语言教学领域动态评估的实证研究[②]；陈丹丹基于动态评价理论开展教学实验，考察同伴互评对英语写作质量的影响[③]；在翻译教学领域，王湘玲和沙璐在动态评价理论视域下构建了翻译技术教学评价模式[④]；张霞基于动态评价理论对比了同伴干预与教师干预对学生翻译能力的影响。[⑤]

动态评价理论主张学生能力可以在评价反馈过程中得以发展，这与学生反馈素养的发展目标契合，即在评价过程中理解信息并运用信息提高个人工作和学习的能力。[⑥]因此，文章尝试在动态评价理论指导下构建学生二语写作多元反馈模式，以提高学生写作能力和反馈素养的发展。

（二）学生反馈素养

反馈素养是广义评价素养的重要组成部分，对学生的发展起着至关重要的作用。Sutton最先提出反馈素养这个概念[⑦]，Carless & Boud提出了相对全面的定义，即"理解反馈信息并利用反馈信息来提高工作或学习策略所需的理解、能力和态度"[⑧]。他们确定了学生反馈素养框架的四个维度：欣赏反馈过

---

① 韩宝成.动态评价理论、模式及其在外语教育中的应用[J].外语教学与研究，2009，41（6）：452-458.

② 刘森，武尊民.国外语言动态评价的最新研究[J].现代外语，2017，40（6）：837-847，874.

③ 陈丹丹.动态评价视角下网络同伴互评对英语写作质量的影响[J].外语电化教学，2021（2）：17-23.

④ 王湘玲，沙璐.基于动态评价理论的翻译技术教学评价模式构建[J].外语界，2021（5）：58-65.

⑤ 张霞.基于动态评价理论的教师干预与同伴干预对比研究[J].西安外国语大学学报，2023，31（2）：75-80.

⑥ Carless D.，Boud D. The development of student feedback literacy：Enabling uptake of feedback[J]. *Assessment & Evaluation in Higher Education*，2018，43（8）：1315-1325.

⑦ Sutton P. Conceptualizing feedback literacy：Knowing，being，and acting[J]. *Innovations in Education and Teaching International*，2012，49（1）：31-40.

⑧ 董艳.学生反馈素养论纲：内涵、模型与发展[J].开放教育研究，2020，26（5）：26-39.

程、做出判断、管理情感及采取行动。该框架强调了学生在反馈过程中的主观能动性。目前有关反馈素养的研究多集中于采用实证研究方法探究学习者反馈素养的发展。董艳在综述当下学生反馈素养概念模型和发展机制指出，创建面向我国学生多层次反馈育人体系的迫切性。[①]鉴于此，文章拟在学生反馈素养理论框架下，运用动态评价理论，构建大学英语二语写作课程多元反馈模式，以提高学生的反馈素养和学习能力。

（三）二语写作多元反馈模式构建

基于动态评价理论，文章从“目标—原则—要素—实施”四个维度构建二语写作课程多元反馈模式，探索有效提高学生反馈素养的路径。该模式以提高学生二语写作反馈素养和写作能力为目标，与构建原则、反馈要素和实施方案形成有机整体。

1. 二语写作多元反馈模式构建目标

动态评价理论关注围绕评价目标实施不同的评价活动，从而实现有效诊断学习者的学习问题、跟进学习效果、调控教学计划。[②]二语写作课堂评价服务于不同的目的，传统的学习评价关注特定学习目标下学生的学习结果。相比之下，二语写作多元反馈模式则注重评价对学习者学习和教师教学的促进作用，旨在通过高质量的反馈来确定学生二语写作中的优势和劣势，帮助教师改进教学策略，关注学生在评价过程中的能动性，强调通过评价提高学生的学习调控能力和反馈素养。[③]

2. 多元反馈原则

根据动态评价理论的特点以及学生二语写作反馈素养的发展特点，文章拟构建的学生二语写作多元反馈模式包含以下三个原则。

---

① 董艳.学生反馈素养论纲：内涵、模型与发展[J].开放教育研究，2020，26（5）：26-39.

② Andujar A. Mobile-mediated dynamic assessment：A new Perspective for second language development[J]. *ReCALL*，2020，32（2）：178-194.

③ Lee I. Classroom writing assessment and feedback in L2 school contexts[J]. *Springer Singapore*，2017，73（4）：599-601.

（1）教—学—评一体化

动态评价强调教学、评价和学习相辅相成。教师在教学过程中收集、整理、分析评价反馈，了解学生能力发展、发现学生学习问题并调整教学设计。学生通过参与评价反馈过程，了解自身学习情况，提高反馈能力，反思学习不足，自我调控学习计划。教—学—评一体化认为反馈活动设计应贯穿整个教学环节，形成“教—学—评”动态循环，最终实现学生二语写作能力和反馈素养的全面提升。

（2）以多元反馈为路径

动态评价提倡采用多元反馈，以促进不同利益相关者的积极互动。在二语写作课程反馈过程中，教师反馈、同伴反馈、自我反馈等不同的反馈方式多次融入反馈活动设计中。师生之间、生生之间形成互动合作关系，有助于提高学生的参与感、反思意识和思辨能力。同时教师也能够了解学生能力发展情况，以更好地调整教学设计，最终促进学生二语写作能力和反馈素养的渐进式发展。

（3）以技术平台为支持

对反馈信息的一个重要考量因素是如何记录反馈信息，以帮助教师和学生可以追踪反馈的影响。以往纸质的反馈信息无法持续性、长久性地对学生学习反馈意见和回应进行记录，造成教师难以判定学生是否有进步，学生也很难长期性保持对自己学习反馈的关注，技术平台的出现弥补了反馈无法持续追踪的不足。I Write，Peerceptiv及批改网等平台能够实现发布写作任务，可以整合教师反馈、同伴反馈、自我评价等多元反馈方式，实现整个二语写作反馈过程的可追踪性。

3. 多元反馈要素

基于多元反馈构建目标和原则，文章关注学习者在发起或参与多元反馈过程时所涉及的不同反馈要素，其中包括寻求反馈信息、处理反馈信息和制订反馈结果。[①]这些不同的反馈行为要素不仅要求学习者了解反馈信息，还强调学习者应将“所知”转化为“所为”，这与社会建构主义学习理论不谋而合。

（1）寻求反馈信息

寻求反馈信息强调学习者基于不同来源寻求反馈信息，以解决他们所发现的与自身学习需求有关的问题。学生通过查阅文本材料，或搜索网络资源，检查个人理解程度或借鉴相似的案例。当文本或网络无法提供足够信息时，学习者还可以通过向教师或同伴寻求帮助来获得反馈信息。

（2）处理反馈信息

处理反馈信息是指学习者处理从其他来源获得的反馈信息。在这个过程中，要考虑个人的学习需求对收到的二语写作反馈信息加以判断。收到的反馈信息不需要照单全收，而是根据信息来源的专业知识程度、可信度和可靠度来考虑。根据反馈信息以及对反馈信息的理解判断，学习者确定后续的改进计划。

（3）制订反馈计划学习者只有通过进一步采取行动，改进自己写作，才能深刻领会在反馈过程中学到了什么。学习者需要基于制订的写作改进计划，将在处理反馈信息中学到的知识和技能运用到后续的写作任务中，并考虑长期的学习发展策略。

（4）多元反馈实践

基于二语写作反馈要素，以二语写作教学为例，文章制订二语写作多元反馈模式实施步骤，将二语写作教学划分为三个实践阶段：教师引导、反馈培训和多元反馈。首先，教师对学生的二语写作水平进行测评。基于测评结果，教师引导学生分析不足，并要求学生相关二语写作语言、文体等知识和技能，帮助学生在写作过程中掌握相应的写作策略。其次，教师重点介绍二语写作的评价标准，目的是使学生掌握二语写作的目标要求。教师先从内容

---

① Malecka B., Boud D., Carless D. Eliciting, processing and enacting feedback: Mechanisms for embedding student feedback literacy within the curriculum[J]. *Teaching in Higher Education*, 2022, 27（7）: 908–922.

达成度、连贯性和语言等层面，提高学生分析二语写作应具备的能力，为学习者进行同伴评价和自我评价做好准备。同时，教师教授同伴反馈和自我反馈的策略，并引入二语写作样本引导学生分小组进行同伴反馈实践和自我反馈实践。最后，多元反馈实践阶段融合过程写作法的理念，创新性地将写作过程各要素进行重新配置。教师在发布写作任务后，要求学生寻找相关题材并进行多轮写作，实施同伴反馈、自我反馈、教师反馈及自动评价平台反馈。

第六章

大学英语课堂翻译、文化教学与促学评价研究

翻译能力与文化能力的培养是当前大学英语教学的重要目标，对翻译能力与文化能力的构成，以及提高翻译能力与文化能力的方法的研究，日益成为大学英语翻译教学与文化教学研究的重点。大学英语教学离不开有效的教学评价，因此翻译教学与文化教学也是如此，教师需要构建恰当的评价手段来助推大学英语翻译教学与文化教学。本章就对大学英语课堂翻译、文化教学与促学评价展开研究。

第一节 大学英语课堂翻译与文化教学概述

一、大学英语翻译教学简述

（一）翻译的内涵

任何一种翻译活动，不论是内容方面（政治、社会、科技、艺术等）还是形式方面（口译、笔译、同声传译），都具有鲜明的符号转换和文化传播的属性。作为文化和语言的转换活动，翻译的目的是沟通思想、交换信息，进而实现人类文明成果的共享。没有翻译作为媒介，文化、传统、科技的推广就无从谈起，所以翻译是人类社会共同进步的加速器。

从文化的角度来说，文化具有动态的特点，由于经济的发展、科技的进步，文化也随之发生改变。例如，互联网和电子媒体技术的发展，带来了网络文化的繁荣，才有了今天各式各样的网络语言和网络文化的产生。对于翻译活动的参与者而言，随时掌握文化的动态，既要了解世界文化，又要及时跟进掌握母语文化是从事这一行业的基本要求。因此，所有翻译从业人员都应该对政治、科技、经济、社会和时事等保持足够的兴趣，随时了解最新信息，这样才能在翻译实践中做到游刃有余。

翻译的标准有很多，但基本的共识是要达到“信、达、雅”这三个标准。“信”即对原文的忠实，翻译是不可以随意发挥和篡改原作者的语义和情感的。“达”是指翻译的内容要使读者或听者充分、准确地理解，令人迷惑不解的译文是不合格的。“雅”是指语言的优美，能让人产生美感。当然“雅”应该是建立在“信”和“达”的基础上的，如果没有对原文含义的

"信"和表达的通顺，"雅"就没有任何意义了。

口译具有即时性的特点，译者往往没有充足的时间做准备，要根据现场情况及时、准确地理解和传达，因此译员需具有更加强大的心理素质和更加广博的知识存储。

笔译的从业者要从不同的方面来考虑。首先，笔译要求翻译内容更加准确和优美，为此，译员应做好充分的准备，包括对原文作者的了解，对材料背景和相关专业知识的学习和准备。只有做足了功课，才能确保对原文语义的精确理解。其次，表达是笔译的第二步，当然表达的准确程度依赖对原文的理解程度。最后，还要对翻译的内容进行校对，确保没有笔误，不遗失信息。

翻译的方法可以简单分成意译和直译。意译指的是译者只忠实于原文的语义，而不拘泥于原文的表现形式。因为中外文化的巨大差异，很多词语和表达法在另一种语言中完全不存在或部分存在。这就要求译者对原文语义有全局性的把握，在不改变基本语义的情况下，对表达方式做出适当的调整。直译法既能保持原文的语义又能保持原文的形式，包括原文的修辞手段和基本结构，从而既表达了语义，又保留一定的原汁原味儿的异国情调。在具体翻译实践中，不能僵硬地保持意译或直译的风格，采用哪种方式一定是视情况而定的，取决于原文的特点。

译者基本素质的修炼。首先，译者要有较高的外语水平，只有这样才能从理解和表达的角度做到准确无误。其次，译者还要有扎实的汉语基础，这和要有雄厚的外语基础是同样的道理。除此以外，译者还应该具有广博的知识储备、丰富的翻译经验和认真的工作态度。只有具备了上述条件，才能成为一名优秀的翻译工作者。

（二）翻译教学

翻译理论与实践相结合构成的一个重要领域就是翻译教学领域。根据欧洲笔译硕士（EMT）项目的《翻译职业能力框架》、英国的《笔译职业国家标准（2007）》、中国国家标准《翻译服务规范》、中国翻译协会的《口笔译人员基本能力要求》所提出的职业翻译人员的能力标准分析，可以得知翻译服务市场对职业翻译人员的知识、能力、素质要求。负责培养翻译人才的院校必须以翻译服务市场的要求为根据，制定出针对性的翻译教学目标，开发出适宜的翻译教学课程，以应对市场需求。

基于翻译服务市场的能力标准分析，新时期各高校以及各社会培训机构的翻译教学目标应设定为：在具有专业素养和职业素养的翻译教师的指导和引领下，学生能够提高自己的双语水平（即外语与母语的水平），培养自己的翻译实践能力，加强自己的逻辑分析能力、审美判断能力以及文化认知能力。具体包括两项能力目标：语言技能（Linguistic competence）和翻译技能（Translation competence）；两项知识目标：关于翻译理论的知识（Knowledge of translation theory）和语言之外的知识（Extra-linguistic knowledge）；此外，还包括职业素质（Professionalism）目标，每一项目标还包含一些子目标，具体见表6-1。

表6-1　翻译教学的目标

语言技能	精通两种语言（母语和外语）的词汇、语法、篇章以及语用
	了解两种语言之间的转换技能
翻译技能	分析翻译任务的目的
	分析源文本并发现存在的困难
	在翻译过程中，使用适当的策略来应对困难
	进行译前准备
	进行自我评估
翻译技能	将源语言转换至目标语言
	学习计算机辅助翻译技术
	应对技术性任务，如译后编辑、技术写作、译前编辑等
	了解本地化和多媒体翻译技术
	了解大数据时代所需的技术
翻译理论知识	将相关翻译理论（如翻译目的论、文本类型学、关联理论和翻译质量评估理论等）应用于特定翻译任务
	在相关理论的指导下培养译者的“自我身份”

续表

语言之外的知识	跨文化交际知识
	学科领域的知识或跨学科知识
	信息研究知识
	世界知识（常识）
职业素质	翻译工作过程管理，包括： —时间管理，尤其是确保在约定的期限之前提交任务 —团队协作技巧 —翻译项目管理 —成本意识
	职业道德
	人际交往技巧，包括与客户进行谈判和沟通的技巧，以及营销技巧
	社交网络技能

二、大学英语文化教学简述

（一）文化的内涵

“文化”（culture）这一词语意味着什么呢？ 它有多种意义。例如，人们认为那些能读会写的人，那些懂得艺术、音乐和文学的人是“文化人”。不同人对文化的理解有不同方式，每一种方式都或多或少有助于我们理解某个过程、事件或关系。遇到陌生人时，第一个被问的问题通常是，“你来自哪里？”这主要是想了解这个人长大的地方，或者是想知道这个人之前住在什么地方。我们下意识地认为在同一地方长大或生活的人说同样的语言，有很多相同的价值观，用相似的方式交流，换句话说，他们被认为具有相同的文化。有时我们甚至会认为文化是商品或产品，如玩具、食品、电影、视频和音乐，并且可以在国际上自由进出口。这些对“文化”印象式的理解不一而足。

实际上，在我国的古代文献中，“文化”两个字是分开出现的，“文”的本来意思为各种颜色交错，“物相杂，故曰文”，“天文”指自然规律，“人文”指人伦社会规范；“化”的本意是改变、变化之意。《说文解字》将“化”释为“教行也”，即改变人类原始蒙昧状态以及进行各种教化活动。从汉代开始,“文”与“化”连缀出现,“文化”与“武力”相对应，是动词，具有“文治教化”之意。英文单词culture，源于拉丁文动词cultura，含有耕种、居住、加工、留心、照料等多种意思。随着时间的推移，culture含义逐步深化，由对树木、作物等的培育引申为对人类心灵及情操的培养，从人类的生产活动，逐渐引向人类的精神领域。19世纪中叶以来，“文化”一词开始具有现代意义，并且随着人类学、社会学等人文学科的兴起，成了这些学科的重要术语。

自从进入近代研究视野，“文化”这一概念在中外学术界的不同学科领域出现了上百种甚至更多的定义。美国描写语言学家爱德华·萨丕尔（Edward Sapir，1921）定义文化为一个社会的行为和思想。理查德·本尼迪克特（Richard Benedict，1930）认为真正把人们凝聚在一起的是他们的文化、共同的思想和标准。美国人类文化学家爱德华·霍尔（Edward T. Hall，1959）提出：“文化是人类的媒介。人类生活的方方面面都受到文化的影响和改变。这意味着人的个性、表达方式（包括情感的表现）、思考方式、行为方式、解决问题模式、所居住城市的规划和布局、交通系统的运行和调度，以及经济和行政系统如何组建和运行都受到文化的制约。”

此外，柯恩（R. Kohls，1979）认为文化是指特定人群的总体生活方式，它包括一群人想的、说的、做的和制造的一切。文化学家罗伯逊（I. Robertson，1981）的观点是每个社会的文化都是独特的，包含了其他社会所没有的规范和价值观的组合。荷兰学者吉尔特·霍夫斯塔德（G. Hofstede）在2001年提到“我认为文化是将一个群体或一类人与另一个群体或一类人区分开来的思想上的集体程序。‘思想’代表了头、心和手——也就是说，它代表了思考、感觉和行动，以及对信念、态度和技能的影响。”

文化定义的多元化说明文化确实是一个庞大且不易把握的概念，这些解读和界定都解释了文化的一个或几个层面。

（二）文化教学

文化是一个国家的“名片”，文化教育也是大学英语教学的重心。在悠久的历史长河中，各民族的文化发展都处于求同存异的发展状态，但更多的是差异性。大学英语文化教学的目的是探索如何将文化教育与英语教学有效地融合，通过教学的方式让更多的学生了解中西方文化、学习英语知识，将文化的发展与大学英语教学的发展一同推向巅峰。

第二节　大学英语课堂翻译与文化教学的原则

一、大学英语翻译教学的原则

（一）循序渐进原则

翻译能力的提高不可能一蹴而就，而是要经历一个过程。相应地，翻译教学也不能操之过急，应遵循由浅入深、循序渐进的规律，所选的语篇练习也应该是先易后难，逐步帮助学生提高翻译能力。从篇章的内容来看，应该是从学生最熟悉的开始；从题材来看，应该从学生最了解的入手；从原文语言本身来看，应该是从浅显一点的渐渐到难一些的。这样由浅入深，学生对翻译会越来越有信心，兴趣也会逐渐增强，翻译技能也会相应得到提高。

（二）精讲多练原则

精讲多练原则主要包含两个层面：精讲和多练。翻译教学如果仅从传统教学方法入手，先教授后练习，那么是很难培养出好的翻译人才的。因此，在翻译教学中，教师应该不仅要教授，还需要让学生的练习，在课堂上将二者完美结合。

（三）实践性原则

仅仅通过翻译理论的教授很难培养出好的翻译人才，还需要进行翻译练习，这就是翻译的实践性原则。在翻译教学中，教师应该为学生创造更多的实践机会。例如，教师可以让学生去翻译公司实习，通过实际活动来进行体验。

二、大学英语文化教学的原则

（一）实用性原则

在英国文化背景知识的选取上，要做到与基础语言的学习相匹配，做到内容的实用性。在课程设计调研时，教师首先需要了解学生对于课程相关的文化内容的了解程度，根据评估结果选取学生不了解的部分加入教学实践中。要做到文化导入与基础教学相结合，学生在学习某部分的外语词汇时会有兴趣、有需求地涉猎相应的文化知识，这时做相应的文化导入可以达到事半功倍的效果。同时，学生掌握了英语的背景文化知识也有利于其基础英语知识的理解与掌握。

（二）适合性原则

适合性原则指所有文化学习项目都应和教材有关，主要指在教学内容、教学方法上的适度。教学内容的适度指应考虑到该文化项目的代表性，主流文化和广泛性内容的导入重点应放在当代文化内容的引入。教学方法的适度就是要协调教师讲解和学生自学的关系，要鼓励学生进行大量的课外阅读和实践，增加文化知识积累。

（三）持久性原则

与外国人交往已经成为一件很日常的事，面对这样的情况，我们需要持久地进行外国文化教育。通过不断地进行外国文化教育，将外国文化渗透到英语教学中。在外国文化教育的过程中，以外国文化与本国文化的差异性为切入点，培养学生对差异文化的敏感性。也可以在文化教育实践中加入外国历史背景教育、外国习俗教育等案例，调动学生学习外国文化知识的主动性，最终培养出有外国文化背景知识的、掌握外语技能的全方面人才。在外语人才的培养过程中，教师需要教授外语词汇、外语语法等基础理论知识，让学生掌握听、说、读、写、译的实操技能；将外国文化背景知识导入日常教学中，最终达到外语人才培养的目的。两方面教学都要进行，并且都要花大力气推进。

第三节　大学英语课堂翻译与文化教学的模式

一、大学英语翻译教学的模式

（一）大学英语翻译教学的设计步骤

大学英语翻译教学是一个系统工程，涉及各高校、社会培训机构、翻译证书考证机构、用人单位、翻译服务购买方等利益相关方。对于各高校而言，其职责主要是设计并建设好培养翻译人才的模式、实施教学以及考核等。其中，培养模式的设计与建设是先决条件，也是重中之重。

根据卡利（Kelly）所提出的翻译教学模式的设计步骤[①]，首先需要明确社会对翻译人才的要求，而社会需求决定了各高校的翻译教学课程应实现的培养结果，明确预期培养结果，其可以为翻译课程的科目或模块组成、课程内容、教材和教学方法的设计提供纲领性指南；明确学生与教师的背景情况以及学生需求，特别是教师的背景情况（如教育背景、从业经历、专业特长等）决定了其可以教授何种科目；在设计课程内容时，需要考虑翻译这一学科对课程内容的要求，以及翻译市场对课程内容的要求；明确所需的教学资源，包括教学环境与教学设施（如教室、机房、学习资源等）、能提供的实习机会、教师培训机会等；设计教学活动，为每个教学科目设计与其教学目标相适宜的教学活动类型；设计考核方案，包括选择负责考核的人员、时间、地点、方式、所需资源；设计课程评估方案，聘请外部审查员对课程的教学目标、内容、评分标准、考核程序、学生表现以及教学方法进行评估，以确保课程质量，并找出不足之处以及需改进之处；实施上述课程设计方案；最后，基于存在不足，持续提升课程质量。

（二）大学英语翻译教学的课程体系

课程体系是“由教学内容所决定的，而教学内容又取决于教学目标。”[②]基于以上对翻译教学目标的分析得知，翻译教学目标涉及语言技能、翻译技能、翻译理论知识、语言之外的知识以及职业素质五个方面。为了实现这五个方面的目标，翻译课程设置应遵循以下四方面的原则。

首先，翻译课程体系应与上述翻译人才培养目标一致。例如，语言技能的第一条培养目标是“精通两种语言（母语和英语）的词汇、语法、篇章以及语用”，因此翻译课程体系不能仅仅包含英语听、说、读、写、译等技能提升的课程，而且还要包括母语技能提升的课程，尤其是关于中西语言对比

① Kelly，D. *A Handbook for Translator Trainers*[M]. Manchester，UK and Northampton，MA：St. Jerome Publishing，2005：169.

② 蔡基刚.中国大学英语教学路在何方[M].上海：上海交通大学出版社，2012：167.

的课程（如中西语言对比）。因为许多翻译人员面临的一个大问题就是，翻译过程中往往受到母语表达和母语思维的影响，导致译文难以被目标语国家的人读懂。

其次，所包含的课程应以应用为主，理论为应用服务。因为翻译工作需要具有一定行业经验的、具备实践操作能力的应用型、复合型人才，因此翻译人才培养的课程体系不能仅仅包含与语言知识、翻译理论知识相关的课程，更重要的是要包含实践环节。应该开设笔译实践、口译实践、翻译案例分析、翻译实习等实践课程。

再次，应开设大量的跨学科选修课。为了使学生在提升其语言和翻译技能之外，还能获取大量非语言领域的知识和能力，培养机构应开设大量的跨学科选修课。或者允许并鼓励学生跨专业、跨系、跨学院选课，如中西方法律体系、国际贸易概论、经济学基础、编辑与出版等。从而可以扩大学生的知识与技能范围，使其对各个行业领域有基本的了解，从而扩大其翻译领域，而且能扩大其就业领域。如毕业生不仅可以从事翻译工作，也可以从事英文报纸或出版社的编辑工作。

最后，由于我国政府正在推进中国文化“走出去”工程，而这一工程离不开翻译的支持，因此需要大量合格的翻译人员将中国的文学作品翻译成英语，以促进中国文化在其他国家的传播。为了配合这一工程的开展，应该在大学英语翻译教学中开设中国文化方面的课程，如中国语言与文化、中国文学作品翻译、中国典籍外译、东方文化赏析等。

全国翻译专业学位研究生教育指导委员会制订并于2011年8月颁布的《翻译硕士专业学位研究生教育指导性培养方案》①详细列出了翻译服务专业应开设课程的名单。

---

① 全国翻译专业学位研究生教育指导委员会.翻译硕士专业学位研究生教育指导性培养方案[EB/OL]. MTI教指委网.（2013-12-26）[2018-05-28].

（三）大学英语翻译教学的策略

为了实现翻译人才培养目标，不仅需要精心设计课程体系，更需要采用适宜的教学方法去实施课程设计。多年来，翻译教学及其研究在我国取得了显著发展。众多翻译教学工作者或翻译研究学者，从不同角度对翻译教学模式、翻译教学方法、翻译教学活动进行了深入的探讨。纵观我国翻译教学历史，可以发现我国主要采用了比较翻译教学法、批评翻译教学法、计算机辅助翻译教学法、翻译任务教学法、翻译工作坊教学法、翻译语料库教学法、启发式翻译教学法、笔译推理教学法、翻译档案教学法、功能主义翻译教学法、题材式翻译教学法等。这些教学方法各有优缺点，需要综合运用。整体而言，新时代我国翻译服务人才的培养方法应遵从以下原则。

1. 重视实践环节，尤其要重视专业实习

全国翻译专业学位研究生教育指导委员会制定的《翻译硕士专业学位研究生教育指导性培养方案》（以下简称《培养方案》）[①]明确提出翻译硕士专业学位研究生的教学必须高度重视实践环节，翻译实践活动需要始终贯穿整个教学过程，每位笔译方向的学生在攻读MIT期间至少要有超过15万字的笔译实践，而口译方向的MIT学生则至少要有不少于400 磁带时的口译实践。此外，该《培养方案》还明确提出专业实习是翻译专业教育的必要环节，在38个总学分中占2个学分，时间要不少于一个学期。该教指委还要求所有翻译硕士专业学位授予单位必须与翻译服务企业或翻译服务需求单位合作建立校内和校外实习基地，为学生提供专业实习机会。

2. 开展基于项目的翻译教学

基于项目的教学（Project-based teaching，PBT）也称作项目化教学，是一种建构主义的课堂教学法，它是强调以项目为主线、以教师为支架、以学生为主体的跨学科的教学活动。这种方法是基于两个关键假设而提出的：（1）知识获得激活时，学生才能真正学习；（2）在解决问题的过程中学习知

---

① 全国翻译专业学位研究生教育指导委员会.翻译硕士专业学位研究生教育指导性培养方案[EB/OL]. MTI教指委网.（2013-12-26）[2018-05-28].

识，能提高学生的信息或知识检索、组织和存储的能力。此方法通常不像传统教师主导的课堂教学那样结构化；它要求学生借助教师或同伴提供必要的学习资料，通过团队合作完成一系列来自实际工作情境的项目化学习任务，从而找到解决该实际问题的办法。

自20世纪90年代开始，一些学者[①②]开始建议在翻译人才培养中运用真实或接近真实的翻译任务或项目。其后，Kiraly[③]提出将翻译公司的真实翻译项目运用到翻译教学中，使翻译教学情境真实化，翻译课堂社会化，训练任务多元化。

基于实际项目的翻译教学通常包括项目设置、团队组建、项目执行和成果汇报四个步骤。

第一步，项目设置。因为在基于项目的翻译服务人才培养过程中，所有教学内容都源于实际翻译项目，而整个教学过程都围绕着项目来开展，因此项目的选取是关键。教师应根据培养目标、培养规格定位以及学生未来可能从事的职业来选择相应的工作岗位，进而从该岗位中选择难度适宜的典型工作任务作为教学项目。

第二步，团队组建。因为项目教学法强调合作学习，要求学生以小组为单位，为达到一个共同的目标而从事合作学习活动，因此需要将学生分成4～5人的团队。将班级学生分组，并选出组长。教师给组长下达具体的项目任务，提供完成任务所需的资料，明确结项目标和考核标准。然后，各团队就其开会，商议组员分工（包括项目经理、前期准备、术语准备、具体翻译、校对、审阅、文档排版等）、项目进度、环节安排等，形成项目计划书。项目实施前，把项目计划书上交给教师进行审定，并按照教师的修改意见进行完善。

---

① Norton，L. S. *Action Research in Teaching and Learning：A Practical Guide to Conducting Pedagogical Research in Universities*[M]. Routledge：Taylor & Francis Group，2009：116.

② Mackenzie，R. & E. Nieminen. *Motivating students to achieve quality in translation*[M]. In K. Klaudy & J. Kohn（eds.）. Transferre Necesse Est. Budapest：Scholastica，1997：339−344.

③ Kiraly D. Project−Based Learning：A Case for Situated Translation[J]. *Meta*：*Journal des traducteurs = translators' journal*，2005，50（4）：1098−1111.

第三步，项目执行。教师对翻译项目涉及的重难点进行简单的讲解，然后学生对本组项目内容进行深入探讨，明确指导思想，选择合理的翻译策略，统一术语和特殊表达。其后小组成员按照分工，各司其职，按照项目计划书要求完成任务。

第四步，成果汇报。各团队展示其翻译项目成果，汇报与探讨项目实施过程中遇到的问题及其思考过程和解决方案，分享项目实施过程中的体会和感悟。以及对团队各位成员在项目实施过程中的表现、所分配任务的完成质量、团队合作情况等进行分析总结。

3. 基于翻译过程的翻译教学

传统的翻译教学过程往往是：教师选择一篇文章，发给学生作为翻译任务，学生在课内或课外进行独立或小组合作翻译，然后提交其译文。教师再在课堂上将学生译文与“标准译文”对比，分析讨论学生译文的错误或不足之处。这种传统翻译教学方法存在一些缺点：课堂教学形式枯燥单一、师生关系对立化（因为教师及其提供的“标准译文”代表着权威，而学生及其译文成为对比甚至批判对象）、教学气氛压抑、削弱了学生的自信心和创造力；强加给学生的标准译文以及翻译技巧讲解不能真正提高学生的翻译能力，不能使其真正掌握翻译技巧或翻译策略在实际中如何应用，只能让学生在今后的实际翻译工作中机械地照搬所学翻译技巧，更不能提升学生的创造力。教师只能找出学生存在哪些误译，但不能挖掘出误译产生的真正原因，无法从根本上解决其翻译过程中存在的问题。

翻译过程的理论研究表明，翻译过程中译员的认知活动、所运用的知识、所发挥的创造力、所做的决策、所采取的策略都是翻译行为及其质量的重要影响因素。因此，苗菊教授[①]提出翻译的过程教学法，即建立在理解译者在翻译过程中是如何被认知、系统理解、加工和转换待译文本的基础上的翻译教学法。过程教学法的具体做法如下。

首先，在给学生安排翻译练习之前，给予学生翻译方法、翻译策略方面的指导，然后布置翻译练习；在学生译文讨论阶段，重点不放在对学生具体

---

① 苗菊.翻译能力研究——构建翻译教学模式的基础[J].外语与外语教学，2007（4）：47-50.

的选词造句、翻译技巧使用上面，而是探讨学生产生译文的过程。启发学生反思并解释自己为什么这样翻译，当时是如何思考、如何决策的，当时有哪些因素影响了其决策，从而挖掘出其译文产生背后的深层认知原因和决策过程。

其次，教师对每位学生的译文给予肯定与鼓励，并引导学生思考各自译文产生的效果及其独特之处，从而帮助学生建立自信心和联想力。通过解释译文产生的正确思维过程，学生能理解标准译文的正确之处，使标准译文更加令人信服，因而避免将标准译文或标准翻译技巧强加于学生。

最后，通过分析翻译过程中技巧与策略的选择和运用等决策过程，使翻译技巧和翻译策略得到生动的描述和解释，使学生能更好地理解翻译技巧和翻译策略，并能将其灵活运用。在整个教学过程中，没有绝对的标准译文，因而也没有任何人是绝对的权威，师生之间、同学之间是平等互利的关系，课堂氛围轻松，师生关系和谐。

二、大学英语文化教学的模式

（一）培养跨文化交际能力

1. 基本交际能力

（1）言语和非言语行为能力（verbal and non-verbal competence）。言语能力指交际者对语音、词汇和语法知识掌握和运用的能力。非言语行为能力指运用身势语（包括姿势体态、面部表情、目光等）、体距、人体特征、物品（项链、手表等）、环境、时间和沉默等的能力。

（2）文化能力（cultural competence）。文化能力包括了解相关的交际知识，了解与任务相关的程序（task relevant procedure），具有获取信息的技能与方略。具体来说，即具有处理不同的人际关系、扮演不同的社会角色、承担不同的社会身份、处理不同的社会情境与场合的能力。此外，还需具备交际者所必备的素质，如自我调节能力、对文化差异具有高度敏感性、对非言语行为有高度的意识性，对文化取向、价值观、世界观、生活方式等知识有所了解。

2. 建立情感和关系的能力

（1）建立情感的能力。这种能力是指移情能力。跨文化交流者站在对方的角度上，以对方的文化原则为标准对对方的行为作出评价和理解，这种能力就是移情能力。所以，移情者不是根据自己的经验和文化标准来对别人的行为作出评价和解释，他要站在别人的立场上看待与解决问题，真正做到将心比心。

移情有两种，即社会语用移情和言语语用移情。社会语用移情是指交际者真正做到推己及人，完全站在对方的角度看待问题，以对方的文化原则为标准对对方的行为做出评价和理解。言语语用移情是指交流者使用语言准则和个人语言习惯，有意地对听者表达自己的企图和态度，听者从说者的角度正确理解话语中的含义。

（2）建立关系的能力。交际双方应具备互相吸引的功能，能够符合彼此自主和密切交往的要求。双方建立友好关系的关键是彼此互相吸引，二者之间形成共识的前提条件是交际，共识又触及双方文化理念、价值取向等层面的共享，共识的达成更能促进未来交流的进一步加深。

（3）交际者以适应对方来代替群体或民族中心主义。

第一，交际者使用语言或者行动向对方表示关切，眼神交流、提出问题以及必需的体态行为等都能用作适应对方的方式。

第二，同舟共济，反应迅速，防止插话，及时提供反馈信息，转移话题自然流畅。

第三，交际者要尽自己所能做到自我展示，目的是让对方充分了解自己，可以容忍文化、环境、习惯等方面的差别。

第四，交际者要具备处理焦虑、挫败、文化矛盾、社会隔离以及经济危机等心理问题和社会矛盾的能力。

第五，在不同的场合中，交际者要做到灵活机敏、创造力强、不拘小节。

3. 情节协调能力

几乎每种拥有共同文化的群体间都有一套独有的交流信号，一套交际者表达要结束某一话题，并开始新话题或者转变正在交谈的内容的信号。大部分信号都是有相似之处的，是约定俗成的。如果这些信号可以协助交际者调和双方的行为，那它们就是具有实际作用的。

4. 交际方略策划能力

策划方略是交际中的一种补救措施，它主要适用于在交际过程中因交际者的语言能力存在缺陷而未达到交际目的，进而造成交际失误的情况。在交际过程中，当交际者的语言能力或语用功能受到了约束，但仍想交际顺利进行时，可以运用下述方法进行救场。

（1）语码转换战略（code switching strategy）。语码替换能够被使用到词汇或者是篇章上。在词汇上使用语码替换时，该替换也被叫作转借（borrowing）。替换语码能够挑选二者互动过程中所使用的语言之一。

（2）近似语选择策略（the choice of approximative strategy）。近似语选择战略指的是使用相似的词汇或者语篇修补由于语言的阻碍所形成的缺漏。详细步骤：系统化（generalization），释义（paraphrase），创作新词汇（coining new words），重新构造（restructuring）。系统化策略是指利用定义不是特别清晰、含义比较笼统的词汇来替换发言者的未知项。替换词所叙述的含义不一定非常确切，但是足以让人根据文章的连贯性推测出它的意思，比如能够将animal替换成rabbit，将short mar替换成dwarf。释义是指可以通过其他方法来补救语言技能匮乏的缺陷。

（3）协作战略（cooperative strategy）。协作战略是指互动双方协同处理互动过程中出现的偏差。互动双方通过熟悉的语言知识、语言规范以及理论文化等系统处理问题。

（4）非言语战略（non-verbal strategy）。非言语策略指的是互动双方利用肢体语言等方法协助处理互动过程中发生的问题。

综上所述，在互动交流过程中，因为语言技能或者是语用技能缺陷而需要应对突发的互动问题时，互动双方可以使用上述策略，以备不时之需。

（二）实施中西方思维对比教学

文化和语言之间交流的根本是思维方式。文化差异决定了思维方式的差异，具有不同思维方式的人通常有不同的生活方式、生活状态和文化特征。

1. 中西方思维方式分析

思维方式具有不同的类型，它是根据角度、标准、理解以及特点的不同而划分的。

（1）具象与抽象

从思维的结构方面来看，具象思维方式是整体思维方式的主要形式，人们能够通过自己的经验与别人相互联系，从而加强人与人、物、社会之间的沟通，增加彼此之间的协调程度。运用概念进行推理、判断的思维活动是抽象思维。

相较于中国的农耕文化，西方文化恰恰相反，它们更倾向于商业海洋文化，英美民族对这种文化更是认同。他们的祖先所处的海洋环境是非常恶劣以及不安稳的，如无止境的漂泊、战争还有无法避免的自然灾害，为了满足生存需求，他们不断向外扩展并进行大规模的迁徙活动。所以他们的民族文化和性格更倾向于占有和征服，将个人主义为核心和较为功利的价值观作为人生信条。

站在全局的角度上看，我国传统的思维方式是具象的，西方的思维方式是抽象的。这种特点体现在语言上便是：汉语用词倾向以实的形式表达虚的概念，以具体的形象表达抽象的内容。

（2）归纳与演绎

在“关系”以及“天人合一”二者的取向影响下，中国人不管是在写文章时还是在说话时，都会在结束时回到最开始的逻辑上，这样就让话语或者是文章的结构形成了一个圆形或者是形成聚集式。在对某一个问题进行讨论时，并不是用最直接或者是直线的方式来进行切入的，而是通过层层递进的方式来进行，逐渐达到最顶端。西方人在写作和会谈时，所采用的方法恰恰相反，他们会根据主题直接切入，不会循序渐进，以引起读者重视为主要目的。中国人习惯的会谈和写信方式一般是把主题放在最后，所以当美国人看中国人的信时，一般避开前面寒暄的部分，直接看信的主题。西方的语言表达方式是一种逆潮式，西方的语篇多为原因在后，结果在前，而中方的语篇多为原因在前，结果在后。

2. 思维模式与跨文化交际中的语用失误

在人际交流的过程中，双方在进行对话时，有时对一些语言做不到完全的理解，从而引起交流上或者表达上出现错误的现象，这就是语用失误。这种失误现象一般发生在跨文化的交流中，此外，中西方不同的思维方式也是造成这种现象的主要原因。

（1）认识上的误区

在进行中西方文化交流时，交际者很容易就会把自己的母语文化以及思维方式表现在语言的表达上。这样常常会造成交际的失误，甚至可能会闹出笑话，从自己的文化角度来看待其他不同文化背景的人，这样往往容易引发文化冲突。

（2）称谓上的误区

“上下有节，贵贱有分，长幼有序”这是传统汉民族文化中根深蒂固的思想观念。汉文化的思维方式会将每一个人的地位以及身份用职业的称呼进行体现，所以在汉语中可以将头衔和职业名称作为称呼语，比如说教师、医生或者是护士等。但是在文化交流中，如果使用的是英语，那么这种职业的称呼语则是错误的，因为西方人对这种中式的英语是不认可的。

（3）中国人的谦虚和西方人的自大

在汉民族的传统思维方式里，人最大的美德就是谦虚。中国人在表达时更多的是谦虚以及克己，对于表扬和感激从来不会理直气壮地接受。在面对与自己有关的事时，也尽量保持低调，将“礼”性更好地体现出来。西方人所信仰的是基督教，在18世纪至20世纪时，英美等国家开始了不断地对外扩张，依靠着强盛的国力，他们对自己充满自信，在话语中能够感受到他们的骄傲和炫耀。

（4）送礼

在我国传统的文化习俗中，“礼尚往来”是人际交往中一个重要的方面。中国人比较在意送的礼物价值多少，他们认为贵的就是好的，礼物越贵重就说明对对方越尊重，否则就显得很寒酸。但是对于西方国家来说，尤其是美国，他们对礼物的价值并不看重，而是更在意礼物的含义，他们会尽量避免赠送昂贵的礼物，不然会有贿赂的嫌疑。每个国家的公民生活在不同的环境场所，所以在思维方式上存在差异，这就导致部分中国人有时候不能理解外国友人赠送的礼物，甚至会鄙视某些礼物。

第四节　大学英语课堂翻译与文化教学促学评价的策略

一、大学英语翻译教学促学评价的策略

（一）机评—反馈—修改

学生提交翻译文本后，机器会即刻显示译文分数，并从词汇、句子、语法、格式等多个维度得出分析结果。学生基于系统评价，利用批改网和互联网上的资源，查阅相关知识，结合自己的语言能力，对机评反馈建议做出取舍，修改翻译文本，并将二稿提交至批改网。

（二）互评—反馈—修改

首先，教师在语言实验室的课上向学生讲解同伴反馈的目的、意义以及具体操作方法，并指导学生开展一次同伴反馈模拟演练。学生参考教师提供的反馈表，在批改网上修改一份在语言、句子、语法等方面有诸多问题的译文。接着，教师在批改网译文提交后的界面，选择“互评”功能，在指定分配、随机分配、同学间互评中选择互评模式。根据学生的语言水平，选择随机互评模式，高分改低分的互评原则，并以匿名方式进行。由于授课时长的限制，为保证同伴反馈和修改的顺利衔接，在课上，规定学生在固定时间内将同伴评价结果反馈给对方同学。然后，接受反馈的学生就互评的每一条反馈，在查阅资料、信息的基础上，结合自身的知识水平，选择全部接受、部分采纳，或者全部忽略，对二稿做出修改后形成三稿并提交至批改网。

（三）师评—反馈—修改

在机评和互评的基础上，教师对三稿译文在批改网上进行人工评价。在此前的两轮反馈中，机器反馈和同伴互评多在词汇、语法、格式等方面给出修改建议，学生吸收反馈的情况较好。所以教师无须更多关注三稿译文的表层层面，而要在前两次评价中修改数量相对较少的句子和篇章方面给予反馈。鉴于学生英语水平的差异，教师的评价应因人而异。对于程度较好的学生，修改建议可以是提示性的，如在某些病句下划线，提示某部分的问题属性，给学生留出足够的思考和发挥空间；对于英语水平较低的学生，教师可以具体明确地指出错误，使其在能力范围内通过各种渠道提高反馈吸收率，完善译文。

二、大学英语文化教学促学评价的策略

（一）转变微课评价理念，形成多元评价标准

教育评价是确定教育目标实现程度的有效手段。在具体的大学英语文化教学过程中，教学内容、教学方法、教师表现等方面具有复杂性，因此需要通过多种评价手段来检查教育效果。在传统的大学英语文化教学过程中，已建立起较成熟的课堂教学评价体系，多从课堂教学的共性出发，开发出具有普适性和一般性的课堂教学评价标准。大学英语文化教学模式如微课，应改变传统教学评价中“一刀切”的现象，开发针对线上大学英语文化教学的多元化评价标准。

评价标准的多元既包括评价指标的多元，也包括评价方法的多元。在微课评价标准的确立过程中，可参考国内外研究产出的教学评价的普适性标准，运用多种教学评价方法。如目标评价模式、五星教学原理、CIPP教学评价模式等，开发基于多元评价方法的评价指标体系，最大限度提升微课评价的科学性。

（二）丰富评价主体，培养教学评价能力

从教学评价的实践上看，目前的微课作品评价多停留在自上而下的诊断性教学评价上，评价主体较为单一。在微课评价过程中，评价主体基于不同的考量，对同一微课作品会产生不同评价意见。什么样的微课是学生真正需要的微课？什么样的微课设计更能引起学生的学习兴趣？显然，答案并不是唯一的。提倡并鼓励微课学习者参与教学评价，并贯穿其整个大学英语文化学习过程，有利于筛查真正满足学生文化学习需求的高质量微课。

大学英语文化教学中微课的产出多来自各项微课赛事，微课评审专家多为国内各大高校的英语教师，在评价主体上未将学习者纳入，存在评价主体单一的问题。而且目前各赛事产出的微课投入教学实践较少，其具体实施效果并不明晰，因此在微课应用的过程中构建教与学的评价共同体，师生共同对微课实施效果进行评价，既可促进学生意见的表达，也有利于筛选出较高质量的微课作品。不同学生的语言水平不同，其教学评价能力也必然有差异。为更好地培养学习者教学评价的能力，可以多展示具有较高质量的微课作品，并传授一些基本的教学评价方法，促进学习者教学评价能力的提升。

（三）开发评价工具，提升评价深度

为保证在线大学英语文化教学的平稳健康发展，除加强在线环境下的英语语言学、语言学习的研究，也应积极开发教育软件、教研设备、智能学伴等教育教学工具。信息化视域下的大学英语文化教学评价也离不开评价工具的支持，如开发具有信息收集功能的视频学习工具，收集并分析学生的触屏频率、页面停留时间、注意力集中程度，对微课视频的使用效果进行科学化的数据分析，提升教学评价的深度。同时，为防止教学评价工具的过度开发带来的安全风险，评价工具的开发者与使用者应树立正确的教育评价理念，明确教育评价是为了确定教学实施的效果。在评价工具的开发过程中排除与教学评价无关的因素，确保采集的数据仅用于教学效果的评价，保证评价数据的安全。

第七章

大学英语课堂教学与促学评价的发展趋势

促学评价作为一个上位概念，统摄教与学的一切行为和目标，囊括了所有有利于促进学生学习能力自主发展的评价手段。除了上述章节的一些操作策略，教师还可以从更多视角践行促学评价理念。但是，无论从何种视角出发，都要遵循教—学—评一体化原则、可持续发展原则和学生本位原则。本章就来论述大学英语课堂教学与促学评价的发展趋势。

第一节 促学评价模式在大学英语混合式教学中的应用

一、大学英语混合式教学概念阐释

（一）混合式教学的概念界定

随着信息技术与教育的紧密结合，网络学习（E-Learning）日益盛行，以至于出现了传统的学习将被网络学习取代的观点和思潮。后来，实践证实网络学习虽有其优势，但永远也不可能取代传统的学习方式。于是，在对网络英语学习进行反思后，在教育领域，尤其是教育技术领域，出现了混合式学习（Blended Learning）这一流行术语。该概念是北京师范大学何克抗教授于2003年底，在全球华人计算机教育应用第七届大会上首次正式提出的，是一种把传统学习方式的优势和网络学习的优势结合起来，做到二者优势互补、获取最佳学习效果的学习方式。[①]有的人认为混合式学习是将课堂上的学习和实践，与在线学习平台上的学习和互动相结合，提供丰富多样的学习资源和互动学习方式，如Graham，Allen（2003）将混合式学习划分为“线上”与“线下”相结合，“学”与“习”相结合，“学习”与“工作”相结合的三种模式。[②]

---

① 何克抗.从 Blending Learning 看教育技术理论的新发展（上）[J].电化教育研究，2004（3）：1-6.

② Graham，C. R.，& Allen，S. Blended Learning Environments：A Review of the Research Literature[J]. *Journal of Educational Technology Development and Exchange*，2003（6）：33-50.

李克东、赵建华（2004）认为混合式学习是把面对面的传统学习和在线学习结合起来，除了可以降低学习的各种成本之外，还可以有效地提高学习者的学习效率和学习兴趣的一种教育方式。[①]

总体来说，大多数定义都表明，混合式学习整合了传统面授教学与在线教学等不同的教育资源，从而可以提供更丰富、更多元化的学习体验。学习者在学习过程中同时使用多种学习方式和工具进行学习，如在线学习、面对面授课、小组合作等，进而提高了学习者的学习效果和能力。混合式学习的目的是增强学习效果、提升学习者学习动机和兴趣、增加学习者的学习自主性。混合式学习注重学习者的主动学习和自主探究，强调个性化学习、探究性学习和互动性学习。

在混合式学习的基础上，越来越多的人关注到混合式教学。郑博元、李晓妮（2022）指出："混合式教学也可称为混合式学习"。[②]混合式教学是基于混合式学习的理念，将传统的面对面教学和在线教学相结合。美国斯隆联盟（Sloan Consortium）的界定最具代表性，他们认为混合式教学是面对面教学与线上教学的结合，将两种各自独立的教学模式即传统的面对面教学与在线学习结合起来。运用混合式教学方法时，教师要创建出一种统筹安排、流程清晰、有条不紊的教学模式。

总之，混合式学习和混合式教学相辅相成，混合式学习为混合式教学提供了理论依据和实践基础，混合式教学则将学习者的个性化、探究性、互动性的学习方式落实到教学过程中，提高学习者的学习效果，增强学习者的学习动力。

（二）大学英语混合式教学设计模型

混合式教学常用的教学设计模型包括ADDIE模型、SAM模型和TPACK模型等，这些模型都有不同的特点、优势和适用范围，在实践中，可以根据课

---

① 李克东，赵建华.混合学习的原理与应用模式[J].电化教育研究，2004（7）：1-6.

② 郑博元，李晓妮.中学历史混合式教学研究分析[J].吉林教育，2022（3）：23-25.

程的特点和学习者的需求选择合适的教学设计模型。下面将受到广泛认可、具有可行性和可靠性的ADDIE模型教学系统设计的5个步骤，作为大学英语混合式教学设计的主要铺垫。ADDIE模型是一种常用的教育设计模型，包括分析、设计、开发、实施和评价五个环节。基于此模型的混合式教学设计如下。

第一阶段：分析阶段（Analyze）。在大学英语混合式教学设计的开始阶段，需要对学生和课程进行分析。分析学生的年龄段、学习水平、学习目标、学习习惯等，了解学生的学习需求。此外，还需要分析教学环境、教学优势和劣势、教学资源和教学策略等，用于支持英语学习活动的资源分析。

第二阶段：设计阶段（Design）。这一阶段是编制教学目标、学习任务、学习策略和资源。在大学英语混合式教学设计方案中，需要明确学生在线上和线下的英语学习活动以及学习目标。大学英语混合式教学设计方案要考虑如何优化教学模式，如何设置课堂活动和在线学习任务，如何利用现代技术平台等。在混合式教学设计的设计阶段，教师需要按照所得到的分析结果，确定教学目标、学习任务和学习策略，必须满足学生个体性的教学。并且，需要确定学生在线上和线下的学习活动以及学习目标。大学英语混合式教学设计方案要考虑如何优化教学模式，如何设置课堂活动和在线学习任务，如何利用现代技术平台等。

第三阶段：开发阶段（Develop）。在这一阶段，教师需要按照设计阶段的方案，准备所有的教学资源和学习活动所必需的材料和工具，这些资源包括在线学习资源、学习任务、教学视频、考试题目等。学生可以通过教师设定和提供的学习范围自行选择知识、信息、经验、知识提供者的学习资源。

第四阶段：实施阶段（Implement）。在实施阶段，需要确保教学资源和学习任务在线上平台上正常运行，在线下教学活动中采用适当的教学策略。此外，需要在线上和线下与学生有充分的交流和反馈。将混合式教学引入大学英语课堂教学，需要设定应用指南、实施规划、技术的使用规划以及其他可能相关的问题。混合式教学的课程，教师必须提前安排，并在准备课程计划中明确说明使用混合式教学方法。所有的细节必须写在课程详情中（Unit Specification），阐释清楚什么单元教什么内容，用什么教学方法，采用什么教学资源和教学媒体。之后充分准备教学资源。除此之外，有的学校可能需要与相关组织或机构达成一致意向，这也必须提前通知学生，以便学生了解如何方便和正确地参与教学活动，达到预期的教学目标。此外，还要求线上线下与学生进行全面的沟通和回馈。

第五阶段：评价阶段（Evaluate）。这一阶段主要是为实现教学目标而进行的设计工作，包括课程规划、课程内容选择、教学方法选择等方面的内容。教学之余，对教学效果做出评价与思考，及时调整方案，强化教学效果。

大学英语混合式教学设计以混合式教学方法为主。在使用ADDIE模型之后，可以根据需要设计合适的混合式教学方案。除此之外，ADDIE模型还具有系统性强、能较好地对教学全过程进行计划、保证对教学的最终结果进行评估和调整等优点。下面将ADDIE教学设计模式作为设计支撑，再针对混合式教学的实施流程进行探讨，并借鉴前者的研究成果将混合式教学分为“课前”“课中”和“课后”三个阶段的混合式教学实施流程。

第一，课前阶段（在线平台）。大学英语混合式教学的课前一般设计为在线平台的阶段。在实施大学英语混合式教学之前，教师需将已制作好的自主学习任务单和以微视频为核心的在线配套课程资源上传至学习平台。在进行教学设计尤其是设计英语学习活动的过程中，教师需要考虑到以学习目标、学习内容以及学生的情况为基础，通过适当、多样、灵活的学习活动，激发学生的学习动力。课前阶段分为介绍课程、学生自主学习和建议反思三个部分。在教学指南阶段，教师讲解学习目标、学习工具等，并展示如何使用线上线下学习过程的工具。学生听取建议，按内容和活动正确地进行学习，并询问不明白或还没掌握好的地方；学习任务阶段，学生通过教师提供的网络课程的内容，根据自己的需要选择自己的学习方法和时间设计自己的学习计划；建议部分，该部分是让学生将自己在自主学习的过程中所遇到的困惑或问题发至平台上，包括一些意见。教师可以将学生提交的意见和想法作为依据，跟进了解学生的学习状态和学习问题，以便在平台上提供帮助，或将问题拿到课堂上进一步讲解，解决学生的困惑。

第二，课中阶段（传统课堂）。课中阶段主要为面对面教学设计。在此阶段教师要鼓励学生对所学的内容进行分析、思考、分类、归纳和总结，无论是通过个人或小组或都能够表达自己意见，教师可以根据活动学习理论的指导，设计出符合大学英语教学内容的各种活动，以便于学生对所学的内容进行解释、比较。教师根据在线上收集到的学生的课前测试情况和网络课程学习情况，以及根据学生提出的问题，再进一步进行课堂讲授（较复杂，且内容不要和线上资料过多重复）。

第三，课后阶段（在线平台）。此阶段的主要目的是使学生能够将理论和实践的知识应用在生活和工作上，因为大学英语混合式教学强调的是学生的“学”与“习”两个学习过程，所以学生不仅需要明白和理解学过的知识，还需要反复实践训练，这样才能达到大学英语混合式教学的目标。在组织教与学活动中，让学生练习和实践。教师必须使用不同的策略。为了最有效地练习，一个重要的技巧是教师必须密切关注学生的实践操作，并在他们有问题或疑问时随时准备提供帮助。此外，教师培训活动必须具有挑战性和多样性。

二、大学英语混合式教学促学评价分析

混合式教学方式将面授课堂与线上教学相结合，给学生个性发展提供了更多的空间，突破了传统的单一线下授课形式下的以教师为主导的评价形式。混合式教学设计的价值体现依赖于评价阶段，要引入多元立体评价指标，提升教学评价科学性。因此，大学英语混合式教学方式需要多元的评价主体、评价内容和评价方式来促进学生全面发展。

（一）促学评价主体多元化

传统的大学英语促学评价主体单一，学生的学习情况往往取决于教师单方面的评价，学生处于被动接受的状态，参与的自主性、积极性较差。多元化的评价主体提倡教师、学生和家长都主动参与评价，教师作为教学的引导者，参与教学全过程，既可以观察到学生在面授课堂中提出问题、解决问题的能力以及参与教学互动的情况，又可以了解到学生在线上平台完成任务的情况。教师在评价中占主导作用有助于保障对学生发展评价的全面性。

学生自评是学生在教学中的主体地位的体现，是学生自我提升的重要手

段，促使学生直面自己在学习方面的优点和缺点。学生对自己学习过程的总结，有助于促进学生对自己的学习态度、学习方法等各方面进行自我反思，从而更深入地了解自己在学习中的需求以提升学习效果。

学生互评时会站在相同高度看待被评价的同学，从多个视角给予被评价同学相对客观和全面的评语。尤其是组内成员互评，小组成员在一起探究学习的过程中相互帮助、合作探究，彼此之间更加了解。学生互评有助于培养学生的创新、协作能力，增强学生的团队意识和共享精神。因此，学生互评在一定程度上可以提高评价的有效性，活跃学生之间的学习氛围，促进学生的全面发展。

（二）促学评价内容多元化

教师要客观公正地评价学生，大学英语混合式促学评价内容的设计需要包含学生的各个方面，不能局限于期中和期末测试。对于课前阶段学生的线上学习，教师要检查学生的签到情况、观看视频和课件的情况、学习任务的完成情况等方面；对于课堂之上的学习表现，主要包括学生在课堂的听课情况、参与课堂互动的情况、课堂问答的情况等方面；对于课后学生的线上学习，主要包括学生课后练习完成的情况、对知识的巩固复习情况、小组讨论情况、作业上交情况等方面。

教师要重视学生的个性化发展和差异化表现。同时，教师对于学生自身的评价内容需要满足评价标准的多元属性和全面特征，不能仅仅将重点放在知识层面。教师应当认识到学生在发展过程中非智力因素对学生发展的重要作用。比如，在进行大学英语教学的过程中，应当关注学生的参与性、团队合作、自主学习等多个方面对学习效果产生的积极作用。学生是发展过程中的人，在确保学生能够全面发展的前提之下，教师本身更应该用包容和宽容的态度去面对学生的与众不同，用多元的评价方式去推动学生的个性化发展。

（三）促学评价方式多元化

在对大学英语教学成果以及效果进行评价的过程中，教师应当构建多元化的评价方式，使诊断性评价、形成性评价与终结性评价三种不同的评价方式相结合，以适应多种不同的教学情况。在进行英语混合式教学中，教师率先需要利用诊断性评价对学生的知识储备情况进行了解，根据学生的学习水平、发展特征等设计相应的教学方法和教学内容等。重视学生在课前、课中以及课后这三个不同阶段当中可能表现出的学习态度、学习自主性等多种情况的预设。大学英语混合式教学过程性评价所重视的是，学生课前线上学习评价、课上学习活动的参与情况，以及课后线上学习的效果评价三个层面。在这一过程中，过程性评价所得到的结果会在期末阶段的终结性评价结果中反馈给学生，使学生更为清楚自身在线上和线下呈现的具体学习状况。在英语混合式教学终结性评价阶段主要参考期末考试成绩，学生最终的成绩=终结性评价成绩×50%+过程性评价成绩×50%。

第二节　体验式大学英语教学的促学评价分析

一、大学英语体验式教学概念阐释

（一）大学英语体验式教学的内涵

在移动网络背景下，体验式教学模式是以学生为主体开展的高效、创新的教学方式。在大学英语教育教学过程中融入体验式教学模式，让学生通过亲身体验来获取教学知识，对大学英语的教学起到了非常重要的作用。体验式教学体现了创设意境、切身体验、实践操作等优势。教师结合体验式教学的优点，能培养学生自身的学习能力、思维能力、逻辑能力，让学生对大学英语教学产生浓厚的兴趣，有利于学生逐渐提高英语学习能力。

体验式教学就是一种以学生为主体，构建具有较强体验感的学习环境的模式。在体验式教学中，教师利用各种资源构建学习环境，利用合理的方法设计教学活动，引导学生积极参与到教学实践活动中，让学生通过最直观的体验获取知识与技能，通过直观的体验锻炼个人英语素养与能力，实现教学目标。体验式教学活动，学生的自主学习是重点，学生通过自主学习占据学习主体地位，在实践中学习，经历“体验—认知—获取能力—能力提升”的过程。[①]

在大学英语教学中运用体验式教学，无论是对于提升学生英语学习主动性而言，还是对强化学生英语学习合作能力而言，均具有重要作用。教师运用体验式教学法，能够让学生形成更加直观的英语体验，感受英语的学习乐趣，从而增强对英语的学习兴趣，提升学生的英语学习自信心，促使学生更加积极主动地学习英语。

（二）大学英语体验式教学的优化策略

1. 循序渐进推进活动

英语具有交流性与应用性，是需经过长时间的学习与积累形成英语交流能力与运用能力的。因此，在大学英语教学中运用体验式教学法，需要遵循循序渐进的原则，根据班级学生的实际水平与能力，设计相应难度的体验式学习活动。之后，根据学生的学习效果，逐渐增加难度、拓展深度，引导学生逐渐适应这种学习节奏，在体验式学习活动中逐渐掌握更多的英语交流技巧、提升英语运用能力。

2. 小组合作完成体验

在体验式教学中，教师必须为学生提供一个互动环境，才能够更有效地发展学生的口语表达能力和语言运用能力。因此，教师可以提出“小组合作”的方法，让学生以小组为单位参与到英语学习中，共同领取、完成任务。在这一过程中，学生既可以与同组伙伴协同完成任务，共同探索英语知识，也可以互相交流，在组内交流的过程中进行大量的口语交际，提升学生

---

① 李皓婵.体验式教学在高职英语教学中的运用[J].陕西教育（高教），2022（4）：86-87.

的口语交际能力，丰富英语交流体验。

3. 多元评价强化效果

课程评价是大学英语课程教学的关键环节之一，作用是评价学生的学习成果与个人发展情况，为学生指明接下来的学习方向，提出可靠的学习建议。在英语教学中运用体验式教学，教师需要考虑体验式教学与原本教学模式的不同，适当调整课程评价，包括评价方向、评价频率、评价内容与指标。科学合理的课程评价可以进一步指明学生的优势与不足，为学生充分发挥自主能力、积极主动参与英语学习提供支持，进一步强化学生的学习成果。

二、大学英语体验式教学促学评价分析

（一）注重体验式教学过程评价

体验式教学注重学生综合能力的动态生成，在体验式教学的促学评价当中，既要重视终结性评价，又要重视过程性评价。体验式教学开展过程性评价，要求对学生的体验情境和活动进行持续观察、记录和反思，并作出评价。评价内容包括学生在日常学习中的表现、取得的成绩、情感、态度及解决问题的能力等。在体验式教学当中运用过程性评价，能够将教学的目光聚焦到学生必备知识、关键能力和学科素养的发展过程，促进教师“以学定教”，调整教学策略，做到因材施教，有针对性地指导不同群体的学生。

（二）运用多样化的促学评价方法

体验式教学促学评价方法应该多样化。

首先，运用好量表评价。根据体验内容和活动设计不同的评价量表，应当包含评价主体、评价内容、评价等级、总评四部分。在评价等级中具体科学地描述不同标准下学生达到的要求，在总评中记录评价者的评语，对被评价者进行客观公正的描述性评价。

其次，重视体验式教学中的及时评价。通常教师在课堂中对学生的及时性评价较为单一泛化，语言不够丰富。教师运用及时性评价应该具有针对性，针对不同的学生因材施教，针对学生不同的表现进行点评。教师不仅可以运用口头言语表示对学生的评价，还可以通过肢体言语，当学生表现优异时，可以拍拍肩膀以示鼓励。教师在体验式教学中对学生进行及时评价，不能只注重赞扬，还应具有指导意义。

最后，运用电子档案袋评价，将学生在体验式教学中的活动表现、取得的成就等都纳入电子档案袋当中，作为过程性评价的依据。积累学生在体验过程中的表现和成长的相关资料，让学生拥有体验的收获感。

（三）注重体验式促学评价主体多元化

体验式教学注重促学评价主体的多元化，通过不同主体对学生的评价，更客观全面地获得学生的真实发展情况。

首先，注重学生的自我评价与反思。学生在体验式教学中能否结合活动和情境内容深刻领会知识，情感是否真正得到内化，学生自身是最有发言权的。学生的自我评价能够发展学生的元认知能力，提高学生的自我监控能力。

其次，在体验式教学当中学生不仅是被评价的对象，也是对其他同学作出评价的评价者。学生在合作交流中是彼此的成长伙伴，是除自己之外最能了解自己在学习过程中的参与表现和体验效果的人，同伴之间更能发现彼此存在的不足和过人之处。学生之间的互评有利于学生之间的互动交流，提高合作能力及培养责任意识，同时有利于学生查缺补漏。

最后，应当使家庭成员、走访的街道及社区工作者、参观的公司员工等社会群体也成为评价者，真正从多个角度考查学生全方位的素养，使学校、家庭和社会形成合力。在不同主体的评价过程中，教师作为专业的教育者，有责任帮助不同主体明确评价标准和评价目标。

（四）及时反馈体验式促学评价结果

促学评价并不是教学的最后环节，更重要的是对促学评价进行反馈和反思，如果没有这一环节，之前的评价将毫无意义。教师对学生的反馈要做到及时，能够激励学生持续性地自我反思，时间间隔过久会使反馈效果降低。教师在及时反馈时，应该用发展的眼光看待学生，用发展的观点评价学生，既对他们的优点和进步给予充分肯定，又善于发现学生的潜力，及时加以引导，从而促使学生不断进取。教师应当为参与评价的主体建立起交流、反馈通道，实现各评价主体的信息共享，全面地了解学生的发展情况。体验式教学需要在家长、学校和社会的合作下进行，在反馈时，教师应收集不同主体的评价，从不同角度充分挖掘学生的优点，发掘学生的长处。

第三节　促学评价下大学英语教师素养及发展策略

一、大学英语教师的素质

（一）专业道德素质

1. 专业精神

大学英语教师在教育教学活动中的价值取向和追求即为其专业精神。大学英语教师的专业精神直接影响着自身的行为及其结果。为此，它要求大学英语教师具备高度的教育责任感、精益求精的工作态度、甘为人梯的服务精神、清晰有效的反思意识以及坚定不移的专业信念。

2. 专业自律

大学英语教师要表现出一定的“角色敬畏”。大学英语教师的角色意味着其所承担的道德责任和义务，而通过“角色敬畏”，可以使大学英语教师在教育教学活动中“有所为有所不为”，体现道德责任感和道德使命感。大学英语教师的行业自律还要求其体现一定的“教育良心”，使大学英语教师对自己的教育教学行为进行自主控制与调节。

（二）专业知识素质

大学英语教师应该不断积累自身的实践性知识，重视教育经验反思，培养教育情境敏感性，倡导教育叙事研究，关切教育情感体验。只有这样，大学英语教师才能全身心地投入教育教学中，不断实现自身的发展和提高。

（三）专业能力素质

大学英语教师需要重视以下几个方面的能力素质提升。

第一，敏锐细致的观察力。通过观察更好地把握学生的心态，对学生作出更加客观的判断，从而进行有针对性的教学。

第二，准确清晰的记忆力。大学英语教师不仅需要对有关教育教学的知识有良好的记忆，对全班学生的各种情况也要有准确的记忆。

第三,一定的自我调控能力。使自身保持良好的情绪心理状态，用理智支配自己的情感，做到语言、行为合情理、有分寸。

第四，较强的创造能力。大学英语教师在借鉴前人先进经验的基础上，大胆进行工作方法改进，从中发现新的规律、新的观点和具有创造性的教育教学方法。

（四）专业心理素质

大学英语教师需要重视以下几个方面的专业心理素质的提升。

第一，发展自身的人格心理素质，包括端正自身的需要与动机，培养良好的性格，提高自我调控能力等。

第二，发展自身的文化心理素质，要善于运用一定的方法和策略学习新知识和新技能，通过学习提高自身的实践创新能力。大学英语教师还需要努力提高自身的文化素质，完善自身的个性和人格心理品质。

第三，发展自身的社会心理素质，认识到自身角色的多样性，建立良好的人际关系，具备良好的交往心理素质。

（五）专业人格素质

一个人的人格能够客观地反映出其整体心理面貌。大学英语教师的人格形象，能够体现出大学英语教师在教育教学活动中的整体心理面貌和心理特征。具体来说，大学英语教师的专业人格包括大学英语教师对学生的态度以及大学英语教师自身的气质、兴趣等方面。大学英语教师要想实现自身的专业发展，就应该形成大学英语教师的专业人格，为专业的发展奠定良好的基础。

在教育事业中，教学工作应该以大学英语教师的人格为根据，任何规章制度、任何机构设施，无论其设计和安排如何完善，都不可能代替大学英语教师人格形象。只有通过大学英语教师的专业人格才能获得教育的力量源泉。

从本质上来说，教育教学过程就是师生之间在心智和情感方面的沟通和交流过程。教育是人与人心灵上最微妙的相互接触，学生会因为大学英语教师的人格形象来对大学英语教师进行判断。

大学英语教师在长期的教育实践中，通过对教育、对学生、对自我的深切感悟理解，对职业道德和教育理想自觉追求的内化，可以使自身的专业人格逐步达到成熟。

（六）专业思想素质

从客观角度而言，专业思想是判定一个人是否属于一名专业人员的重要依据，也是现代大学英语教师与以往大学英语教师相区别的显著标志。所谓大学英语教师的专业思想，就是指大学英语教师在理解教育相关知识的基础上所形成的教育教学思想。大学英语教师在教育教学工作中，要做到将专业思想作为行动的世界观与方法论。大学英语教师的专业思想为其专业发展提供了理性支点和精神内核，对于大学英语教师成长为一个教育教学专业工作者有着重要的影响。

教育专业思想是动态发展的，是不断演变的。因此，每一个大学英语教师都必须不断地总结教育教学实践，以此形成符合自身发展特点的、体现个人风格的教育专业理念、专业思想。在不断发展变化的现代社会中，大学英语教师应该树立终身学习的观念，促进自身专业思想与时代的发展要求相接轨。

二、大学英语教师素养与发展促学评价分析

（一）多元促学评价指标的设计

在构建多元促学评价教师教学能力模型的过程中，最为关键的工作是从各种评价数据中，寻找出与教师教学能力相关的指标。在教师教学能力的相关研究中，丹尼尔森提出了Framework for Teaching教师教学框架，该教学框架认为教师的教学能力应当包括课前教学设计的能力、课堂上开展教学活动的能力以及课后研究教学发展的能力。这三种能力分别对应着大学英语教师的课前教学设计、课中教学实施和课后教学反思与改进。

1. 教学设计能力

在开展教学之前，大学英语教师的职责是依据英语课程的教学目标完成教学设计。大学英语教师在制定教学设计时，不仅要考虑学生的实际知识储备，还要考虑学生后续的学习需求。在确定了合适的教学目标之后，合理地设计教学的各个环节，最终制定出一份合理的教学方案。大学英语教师在上课之前收集教学资料，制订教学计划以及设计教学方案的能力可以统称为“教学设计能力”。

2. 教学实施能力

在开展大学英语教学活动的过程中，大学英语教师应该基于教学设计来实施教学，包括课堂教学进度的把控、课堂纪律的维护、授课言语的清晰度和流畅度等能力。大学英语教师在实施英语教学活动阶段所表现出来的能力，可以统称为“教学实施能力”。

3. 教师反思与改进能力

在授课完成之后，大学英语教师的工作是批改和点评学生的作业或作品。教师需要对学生作业或作品反馈出来的问题进行反思和干预，并对教学过程中暴露的缺点及时进行改进。在这一阶段中，教师所表现出来的能力可以统称为“教学反思与改进能力”。

基于上述分析，下面从“教学设计能力”“教学实施能力”和“教学反思与改进能力”三个一级评价指标方面来构建多元促学评价模型指标体系，如表7-1所示。

表7-1　多元促学评价模型指标体系

一级指标	二级指标
教学设计能力	选取教学模式
	安排教学目标
	选取与融合知识点
	规划教学活动
	获取与利用教学资源
	设计教学评价
教学实施能力	实施教学活动
	授导教学内容
	运用教育技术
	创设教学环境
教学反思与改进能力	教学数据收集、分析与反思
	教学反思与指导
	教学改进与实践

在表7-1中，设计了十三个指标作为多元评价模型指标体系的二级指标。在“教学设计能力”的一级指标下，以教师课前对课堂教学的模式、目标以及内容等设计为出发点，设计了“选取教学模式”“安排教学目标”“选取与融合知识点”“规划教学活动”“获取与利用教学资源”以及“设计教学评价”6个二级指标。在“教学实施能力”的一级指标下，以教师在课堂中的教学行为为出发点，设计了“实施教学活动”“授导教学内容”“运用教育技术”以及“创设教学环境”4个二级指标。在“教学反思与改进能力”的

一级指标下，以教师在课后对课堂教学进行反思与改进为出发点，设计了“教学数据收集、分析与反思”“教学反思与指导”和“教学改进与实践”3个二级指标。

本书构建的多元促学评价模型，是通过对收集到的各种促学评价数据进行综合评价来构建的。因此，将收集到的评价数据在多元评价模型指标上进行表征，是本书研究的重点问题。在此之前，需要明确每个指标所包含的具体内容。本书基于教学能力标准框架，并采用德尔菲法对长期从事教学评价的专家进行咨询，调查教学评价专家对二级指标的满意程度，最终确定了多元评价模型指标体系中二级指标的具体内容，其结果如表7–2、表7–3、表7–4所示。

表7–2　教学设计能力指标描述

一级指标	二级指标	具体描述
教学设计能力	选取教学模式	教师能够选取合适的教学模式或方法来引导教学全过程，主要表现在以下几个方面： （1）根据教学目标，有效地选择和使用教学方法，并系统地指导学生学习； （2）所选择的教学方法是适当的，能够有效地促进学习目标的实现； （3）学习项目是与社会相关的、有趣的和具有适度挑战性的。
	安排教学目标	教师能够在学习过程中合理地制定学生的学习目标，主要体现在以下几个方面： （1）教师能够根据学习者的发展目标来制定学习目标，其主要集中在知识、行为和高阶思维等方面； （2）学习目标的制定是合理的，与学习者的认知发展相符合； （3）学习目标清晰，有明确的课程内容和学习活动来支撑。
	选取与融合知识点	教师能够合理地选择和整合学习知识点，主要从以下几个方面着手： （1）选择合理的知识体系，具有前瞻性并且适合学生的认知规律； （2）教师能选择适当的、密切相关的跨学科知识作为课程内容的延伸； （3）教师能有效地选择学习内容或方法，来支持学生创造性思维的发展。

续表

一级指标	二级指标	具体描述
教学设计能力	规划教学活动	教师可以根据学生的学习目标、学习内容来设计丰富的教学活动，主要体现在以下几个方面： （1）学习活动内容丰富，可以采用多种活动方式（如讨论、实验、演示等），调动学生的学习积极性和热情； （2）学习活动的设计能体现学习者的主体地位和教师的引导作用； （3）学习活动的设计清晰、完整，能够引导学生有效解决困难或问题。
	获取与利用教学资源	教师可以收集和整合相关的专业学习材料，以便运用到实际的教学中： （1）学习资源类型丰富，与时俱进，生动有趣； （2）教学材料的选择符合学生的学习目标； （3）教师能够帮助学生获得专业所需的学习资源； （4）教师能够引导学生学会使用学习资源。
	设计教学评价	教师可以主要按照以下思路来设计教学评价方案： （1）教学评价具有多样性，能够有效回应学习者的学习目标； （2）教学评价具有多元化，能够充分利用同行评价和学生自我评价等评价方法； （3）教学评价系统注重收集有关学习的数据。

表7–3　教学实施能力指标描述

一级指标	二级指标	具体描述
教学实施能力	实施教学活动	教师能有效地处理或指导学生在课堂上的教学活动，具体如下： （1）教师能有效地吸引和引导学生参与教学的各个环节； （2）教师能按照教学计划开展课堂教学活动，并有效控制教学节奏； （3）课堂活动计划性强，内容完整，教师能帮助学生提高各方面的学习能力。

续表

一级指标	二级指标	具体描述
教学实施能力	授导教学内容	教师能清晰、全面地讲解教学内容，主要表现为以下几个方面： （1）教学内容丰富、有趣，且符合指定教学目标； （2）学科知识呈现良好，内容完整连贯，从原理、概念到程序等都包含在内； （3）教师能清楚地解释知识的原理，提高学生对跨学科知识的理解。
	运用教育技术	教师能熟练使用信息技术设备和资源，主要体现在以下两个方面： （1）教师能熟练使用适当的信息技术工具，有效地支持教学，提高学生的学习效率； （2）教师能使用恰当的技术工具，来帮助或支撑学生自学、合作、随堂讨论等课堂活动。
	创设教学环境	教师能够利用学校现有资源和学习空间，为学生创造良好的学习环境，主要表现在以下两个方面： （1）为学生提供自由开放的空间，让他们进行共同讨论、展示和合作活动； （2）教师根据学校现有的资源来设计教学环境。

表7–4　教学反思与改进能力指标描述

一级指标	二级指标	具体描述
教学反思与改进能力	教学数据收集、分析与反思	教师可以通过以下几种方式来整合和分析学生的评价数据： （1）在评价方案中收集关于学生学习过程和学习结果的有效性数据； （2）使用适当的数据分析方法和策略，来确定教学问题； （3）分析教学中的问题和学生学习中的弱点。
	教学反思与指导	教师可以通过以下方式在课堂上和课后向学生提供反馈和指导： （1）教师对课堂上的问题及时提供反馈； （2）教师能够及时解决个别学生的问题； （3）学生在课后能够得到个别指导，帮助他们优化学习成果； （4）教师能及时地评价学生在课堂上的作业（如合作学习、演讲等活动）。

续表

一级指标	二级指标	具体描述
教学反思与改进能力	教学改进与实践	教师对自身的教学进行反思和改进，主要有以下几种方式： （1）利用数据分析结果来改进教学； （2）积极寻求专业帮助或寻找合适的资源，来制定改进教学的策略； （3）利用教学理论和实践来检验改进后的教学策略。

（二）建立多元促学评价指标层次结构

根据大学英语教师教学能力框架以及德尔菲法等对多元促学评价指标进行设计，并对多元促学评价模型的指标进行具体阐述。由此，可建立多元评价指标层次结构，如图7–1所示。

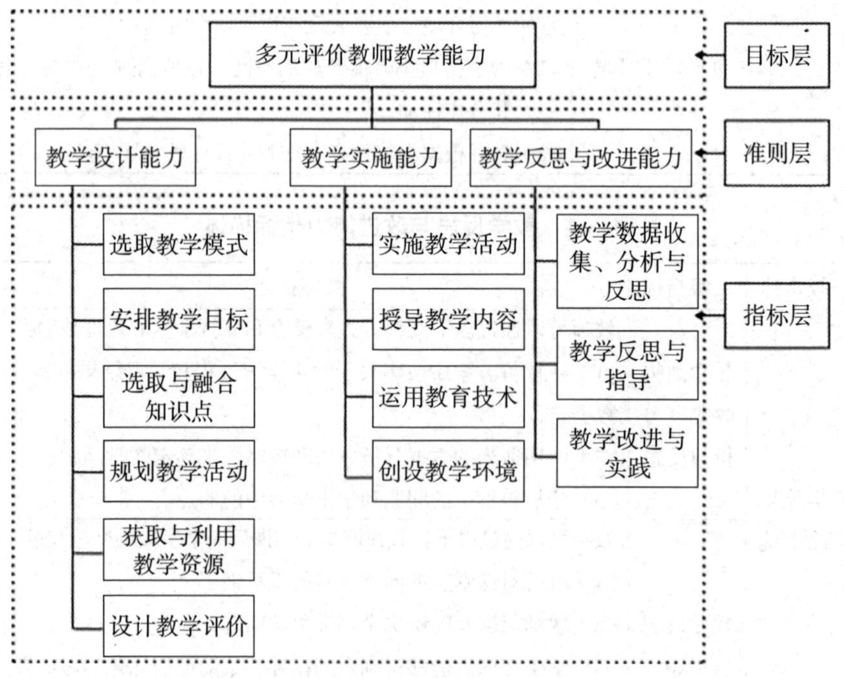

图7–1　多元评价指标层次结构

由图7-1可知，本书提出的多元促学评价模型可划分为三个层次结构。其中最上面一层为目标层，是整个多元促学评价模型的主旨，即多元促学评价教师教学能力；中间一层为准则层，是对多元促学评价教师教学能力的分类，即多元主体可以从教学能力的哪些方面对教师进行评价；最下面的一层为指标层，是多元促学评价教师教学能力的具体实施项，即对教师实际教学过程中的哪些方面进行评价。

（三）多元促学评价模型的构建

在构建多元促学评价模型之前，需要先明确多元促学评价数据与教师教学能力的作用关系。

首先，为了发现教师在每个阶段的不足，可按照时间维度对收集到的评价数据进行整理，包括学生评教数据、同行教师评价数据和专家评价数据等。通过对多元促学评价数据进行分析，可以获取教师教学能力的哪些方面已改进，教师教学能力的哪些方面仍需进行反思、学习，从而能够连续不断地帮助教师进行反思与改进。

其次，校友评价是教师教学质量的长远反馈，因为校友评价是终结性评价，其反馈的是校友在校期间教师的教学质量。

最后，教师在接受评价之后，将逐步对自己的教学开展反思与改进，进而提升教学能力。

基于多元促学评价的教师教学能力分析模型，主要是从多个层面不同的维度来表征教师的教学能力，而不是仅仅从一个角度去描述，这样才能深层次地挖掘出教师的教学能力特点。通过为多元促学评价模型设计清晰的结构，可以便于后续对教师教学能力的研究与分析。

本书提出的多元促学评价模型主要包含四个层次：教师的个人信息特征、基于多种评价量表的宏观能力特征、基于教学资源的微观能力特征、基于差异性比较的教师关系特征。教学评价的有效性反馈、教师之间的差异性比较以及教师教学能力之间的相似程度，都可以帮助教师明确自身的教学能力，引导教师向优秀教师学习。教师的宏观能力特征主要是由多元评价量表得分和校友文本评价得来，客观层面上决定一位教师的教学质量好坏。教师的微观能力特征从教师的实际教学出发，以教师宏观能力特征来进行辅佐和修正。教师之间的差异性比较可以帮助教师发现与优秀教师之间的差异，使教师能够及时对自身教学能力进行提升。

大学英语教师教学能力由教师的个人信息特征、宏观能力特征、微观能力特征以及教师关系特征构成。其中，大学英语教师的个人信息特征包含教师的年龄、性别、学科、所授课程类型等静态属性向量。教师宏观能力特征由多元评价量表得分和校友文本评价向量组成，前者可以获取多元主体对某一时间段的教师教学能力的评分情况，而后者可以提供教师教学能力发展目标的反馈性信息。大学英语教师微观能力特征包含教案特征向量、教学视频特征向量以及教学反思特征向量，分别从课前、课中、课后三个维度对大学英语教师的教学能力进行表征，反映教师日常工作中与教学能力相关的特征。教师的关系特征用来表述在多元评价下，大学英语教师与其他教师在教学能力特征上的相似程度。通过相似程度，教师可以找到对应的优秀教师，学习他在日常英语教学工作中表现出来的优点，并对自身英语教学能力上的缺点进行改进。

第四节　以评促学：依托项目的大学英语教学形成性评价

一、大学英语项目教学评价指标体系的构成和构建原则

（一）促学评价指标体系的构成

促学评价指标体系的组成有评价指标、指标权重和评价标准。

1. 评价指标

评价指标是一个层次化的结构体系，其中包含的指标都集中指向项目教学的目标，这些指标是评价中的关键因素。相呼应的是被评价的关键因素本质上就是评价指标，而将关键因素集合起来就构成了一个完整的指标体系。一个完整的评价体系中，每个指标之间都应该是相互独立的关系，能够单独作为一项判断学生学习表现的评价因素，分化成多层的评价指标，也是为了从不同维度上去解决复杂性的实际问题，从而达到评价的目的。

2. 指标权重

不同的指标在一个完整的指标体系中具有不同的地位和作用，也具有不同的含义。为了显示每个指标在指标体系中不一样的重要性，应该给每个指标划分一个具体的数值，用来查看它在整个维度中所占的比例。

3. 评价标准

评价标准在某种意义上是对评价对象的规范，向主体对象表明应该重点注意什么，它的作用是引导评价主体对具体事件的判断方向，在评价指标体系中就是为了让过程评价的重点更加详细具体，形成一个可操作的工具。

在本书中，项目教学的过程性评价综合考虑了上面三个构成因素，结合项目教学的特点，将不同的评价方式融入过程性评价中，更加全面地在项目学习的整个过程中实施。因此，大学英语课程中的每个项目活动都会遵循评价体系中的标准，由不同主体全面对学生进行评价。

（二）促学评价指标体系的构建原则

1. 系统性原则

在整个指标体系中，相邻指标之间具备很强的逻辑性，只有建立这样的联系，才能够在整体中立足。同一个维度中的指标是相互独立的，但从内在逻辑关系上看，它们必须从不同角度表达指标选项的主要特征，形成一个系统性的逻辑整体。从总指标开始，呈树状结构分化出更多细致的层级指标。

2. 独立性原则

每一个呈现出来的层级指标都必须是独立的且具有代表性的，它可以由上层分解出来，也可以分化出它的下一个层级。一个指标与其衍生出的指标之间是没有因果关系的，上层可以包含下层，但没有必然的关联性。

3. 完备性原则

评价体系本就是一个相当复杂的系统，由多重评价要素组合而成。首先，从宏观的角度考虑，确定最高层级的维度，再从最高层级指标向下级指标分支，尽量全面反映学生学习过程中的所有因素；其次，下级指标既是上级指标的分化，也是更加具体的评价标准及内容的表述，要对应到项目实施的具体步骤中，不能遗漏任何一个评价重点。因此，在项目教学中融入一个完整、系统的评价体系，能够测量每一个评价环节，可以对整个学习过程和学生的学习成果进行综合、全面的评价。

4. 科学性原则

评价体系的科学性原则最主要体现在整体结构和逻辑上的合理性，所以在设计评价指标的过程中要重视科学性。在构建指标之前，要结合课程及项目教学的特点，明确本研究的目的和内容，确保在此基础上设计的评价真值表能够有针对性地评价学习对象。因为每个指标都具有代表性，能够反映评价主体在学习中的本质表现，所以评价指标不能发生重复的情况，尽量选取突出评价要点的指标，避免指标分化过多，不利于评价主体在实际教学中的应用。因此，构建一个系统、指标相互独立、完整且科学合理的评价指标体系极其重要，直接与教学效果相关联。

5. 可比、可操作、可量化原则

在完整地构造出指标体系之前，必须考虑指标之间能不能相互比较，确定谁的优先级更高，在同一维度下更重要。除去指标体系的完整和全面，还要结合指标体系本身的特点，注意评价指标是否可以量化使用，在实践过程中对某个对象进行测量时，能否准确地计算其评价结果。因此，评价体系使用前，要结合过程性评价本身具有的复杂性和项目教学的特点，进一步确定评价体系在学习过程中运用的可行性。

二、项目教学过程性评价指标体系的初步构建

（一）项目教学过程性评价维度分析

本书将三维教学目标作为评价维度，结合项目教学的教学过程，将学习过程与评价过程相对应，注重过程性评价，目的是评价和培养学生的核心素养。

首先，结合项目学习活动与情境，由具体的项目情境展开。

其次，科学探究课程专业知识和技能理论，形成知识体系建构。

再次，借助体系中的评价标准与规则，依托评价体系中融入的多种评价方式和工具，再将其指标应用到具体的项目实践中。

最后，实施评价，获取学生的学习结果，对学生的学习情况进行分析和总结，并提出改进建议，反馈给学生本人。

1. 知识技能

知识技能无论在哪个学习阶段都是必备的评价要素。

首先，本课程中要重视学生对知识的理解，也要掌握技能的操作步骤和方法。

其次，在知识构建的基础上，要应用于实际项目中，在整个学习过程中应着重培养大学生的核心素养，掌握必备的英语素质以及发展所需要的英语能力，强化学生沟通协调能力和解决问题的能力。因此，要将项目教学和过程评价相结合，监督学生英语学习过程中的状态，在评价结束时表现出来。

2. 学习过程

项目教学的一般过程分为项目选择、项目规划、项目实施以及项目评价四大部分。项目选择阶段需要根据实际情境进行分析，为后面顺利设计项目方案做准备，在这个分析过程中逐渐明确本项目需要达到的目标，最后确定主题；项目设计阶段通过教师引导或学生合作制订项目计划，每个成员自主探究活动，对项目所需材料进行收集；项目实施阶段通过小组各成员的协作交流，完成作品后修改优化；项目评价是项目教学中必不可少的部分，从小

组中选取成果展示，分享经验，组与组之间相互讨论解决方法，最后依据作品及学习表现等对自己和小组成员进行评价。

3. 情感态度

情感态度在英语学习过程中扮演着非常重要的角色，它会影响学生在学习过程中的动机。情感态度的养成结果会影响价值观的形成，如果在学习过程中没有端正的态度，没有科学正向的价值观引导，没有积极的情感作依托，是不可能在英语课程的学习过程中达到核心素养的标准的。在项目教学过程中，情感态度不管是对大学英语教师而言，还是对大学生而言，都能够起到巨大的调节作用。它在促进大学英语教师及时调整教学方法的同时，也能够对学生知识和技能的学习起到促进作用。它会随着主体对象的不同，以特定的情境为主，潜移默化地改变人的情感、态度、价值观和行为。

（二）项目教学过程性评价指标体系的初步构建

在确定具体的研究方向之前，通过实践观察目前大学英语课程教学的情况，对本课程项目教学的评价体系进行初步搭建。其中包含3个一级指标，又由上层指标分支出二级指标，在此基础上划分出28个三级指标。

1. 一级指标

一级指标是以三维目标中“知识与技能、过程与方法、情感态度及价值观”的维度进行划分的，通过教学中三维目标的达成情况体现学生的学习效果。结合大学英语课程的特点及具体的教学流程，将三个一级指标初步变换为“知识技能”“学习过程”以及“情感态度”。

2. 二级指标

二级指标是在明确了一级指标的基础上分支出来的，包含了这个大维度中更为具体的评价选项，但分支上内含逻辑的每个维度之间都必须独立，不能指向重合。“知识技能维度”下二级指标以知识和技能为指向，包括“知识获取”和“技能培养”；“学习过程”维度下二级指标结合项目教学的过程，与学生在项目中的学习过程对应，按照“项目选择”“项目规划”“项目实施”“项目评价”的顺序确定；“情感态度”维度下的二级指标则按照多位学者在情感层面的目标进行划分，结合大学英语课程中影响学生学习结果的情感因素，确定为“情感需求”“学习态度”。

3. 三级指标

“知识获取”和“技能培养”维度下的三级指标是在二级指标基础上细化得出，按照布鲁姆的认知目标，结合大学英语的课程特点和学生应掌握的专业能力，将“知识获取”的三级指标分为“新知识的理解”和“技能知识的掌握”；将“技能培养”分为“沟通协调能力”“分析解决问题的能力”及“创新能力”等五个指标。“项目选择”“项目规划”“项目实施”和“项目评价”维度下的三级指标是围绕着项目教学的具体流程展开的，可以契合到学生的学习过程以及教师的教学过程中，结合多种评价手段运用到过程性评价中，使评价结果更加真实可靠。“项目选择”维度下三级指标包括“情境分析”“明确任务”“确定目标”和“选定项目”；“项目规划”维度下三级指标包括“制订方案和计划”“自主探究”和“收集信息”；“项目实施”维度下三级指标包括“协作交流”“作品制作”和“完善优化”；“项目评价”维度下三级指标包括“作品展示”“小组讨论”和“活动评价”。

“情感需求”主要是学生在学习过程中自身获得的感受，此维度下三级指标可分为“内心体验”和“自我效能感”；“学习态度”包含学生在学习过程中的态度转变，具体三级指标分为“学习兴趣”“学习主动性”“学习习惯”和“学习动机”。

三级指标是上面两个层级指标分支出来的下层指标，是在一层层选择中决定的具有代表性，象征着更细致的评价标准。

（三）项目教学形成性评价

（1）《项目实践态度》通过分值体现，评价的是态度，评价标准就是客观事实，但“按要求认真完成”和“主动交流，认真修改”这两个评价模块需要教师根据经验和对比做出主观评价。《项目实践态度》的评价具有两个重要意义：其一是规范项目小组的行为习惯，方便教师的管理；其二是提供数据性记录，可用以分析“态度”和“结果”的关系，见表7–5。

表7-5 内容模块（态度）：项目实践态度

评价模块（分值）	评价标准
1.按时提交PPT（20分）	根据实际情况
2.按时提交研究报告（20分）	根据实际情况
3. 认真记录并按时提交日志（20分）	根据实际情况
4.按要求认真完成（20分）	根据实际情况
5.主动交流，认真修改（20分）	根据实际情况
合计（100分）	

（2）《学生实施项目日志》（简称《日志》）是形成性评价的另一个重要来源，《日志》以项目小组为单位进行记录，教师通过问卷星平台收集记录。《日志》未用分值进行评价，但它是学生项目实践的重要反馈，是行动过程中发现问题，反思项目教学，优化和改进设计的重要依据。《日志》记录的内容模块有："与教师的沟通记录""与小组成员的沟通记录""困惑""难点""小组合作""评价认同""思想认识""课程思政效果评估（用五级量表自我评估认识进步的程度）""能力发展"。为方便和辅助学生记录，问卷为大部分内容模块设计了选项，并提供了主观描述的空间。具体设计见表7-6。

表7-6 学生实施项目日志

与教师的沟通记录	1.次数：A.0次 B.1次 C.2次 D.3次 E.3次以上 2.方式：A.面对面 B.电话 C.微信/QQ D.腾讯会议 3.内容：________________
与小组成员的沟通记录	1.次数：A.0次 B.1次 C.2次 D.3次 E.3次以上 2.方式：A.面对面 B.电话 C.微信/QQ D.腾讯会议 3.内容：________________

续表

<table>
<tr><td>困惑</td><td colspan="2">1.项目实施过程中的困惑有：__________（多选），具体情况在划线处描述。
A.对题目的理解：______________
B.研究目标的设定：________________
C.如何根据研究目标拟制问卷：______________
D.如何分析讨论：______________
E.如何把握宏观逻辑：______________</td></tr>
<tr><td>难点</td><td colspan="2">1. 项目实施过程中的难点：________（多选），具体情况在划线处描述。
A.项目设计：________________
B.拟制有效问卷：_________________
C.采访：__________________
D.PPT设计与制作：________________
E.成员合作：________________
F.视频剪辑与合成：_______________
G.英语表达：________________
H.宏观逻辑的把握：_________________
I.结合时代、社会、国家、历史等对数据深入分析：___________________</td></tr>
<tr><td>小组
合作</td><td>1.小组合作情况：______
A.合作愉快，有凝聚力
B.合作有困难，但完成了任务
C.合作无法顺利进行，由少数同学承担了所有工作</td><td>（如合作愉快则无需回答此问题）
2.合作不顺利的原因是：_____
A.组长的组织能力有限
B.个别组员不配合
C.其他</td></tr>
<tr><td>评价
认同</td><td colspan="2">1.对学生与教师的打分及点评：______
A.认同：______
B.基本认同：______
C.不认同：___________</td></tr>
<tr><td>思想
认识</td><td colspan="2">通过研究实践对研究话题产生的进一步认识：___________</td></tr>
<tr><td>课程思
政效果
评估</td><td colspan="2">如果用五级量表“1（弱），2（较弱），3（一般），4（较强），5（强）”体现大家对本单元话题的认识变化，那么我在如下三个阶段的选择：
_____上课前：1，2，3，4，5
_____上课后：1，2，3，4，5
_____完成项目后：1，2，3，4，5</td></tr>
</table>

续表

能力发展	1.通过做项目，哪些能力得到了发展与锻炼：_______（多选） 2.通过做项目，意识到哪些能力的欠缺：_________（多选） A.完成一个小型项目的能力 B.设计和制作PPT的能力 C.查找和获取信息及文献的能力 D.使用网络调查工具展开问卷调查的能力 E.描述和分析数据的能力 F.结合所处的环境、社会及时代背景挖掘现象背后原因，即深度解释数据的能力 G.逻辑能力 H.运用一定的研究方法开展课题研究的能力 I.英语语言运用的能力 J.交流能力（包括和陌生人交流；和教师交流；组长组织和管理中与成员的交流；成员之间合作的交流） K.组织合作能力：组长组织及组员合作的能力 L.使用视频软件制作视频和剪辑视频的能力 M.其他能力，如：___________

《形成性评价》的目的是鼓励学生认真实验，督促实验教师对项目小组的管理和评价，它有助于教师收集和及时地了解学生的反馈信息。反馈信息对项目教学的优化至关重要。形成性评价“终评”是“教师日志记录”和“教师项目点评”这两个内容模块合计得分的平均值，见表7–7。

表7–7　形成性评价

内容模块	评价模块（分值）	评价方法：询问与查阅记录
教师日志记录	1.教师日志的完成（10分）	是否完成？是否按时完成？（未按时完成减2分）
	2.和学生的辅导性沟通情况记录（20分）	平均每班沟通1次及1次以上是满分。沟通数少于班级总数，减分，少一次减2分。（沟通不包含催促提醒）
	3.学生困惑记录及解决办法（20分）	学生困惑记录（10分）及解决办法（10分），要求描述具体。

续表

内容模块	评价模块（分值）	评价方法：询问与查阅记录
教师日志记录	4.突出问题记录及解决办法（20分）	突出问题记录（10分）及解决办法（10分），要求描述具体。
	5.主观感受记录（20分）	要求描述具体清晰，酌情打分。
	6.点评记录（10分）	酌情打分。
	合计	
教师项目点评	1.是否点评（20分）	每个班都点评了为20分，少点评一个班减5分。
	2.点评方式（10分）	口头点评6分，文字点评10分。
	3.点评内容（20分）	点评包含优点（5分）、缺点（5分），表扬/批评（5分），鼓励（5分）。
	4.学生对教师点评的认同度（20分）	根据学生日志中有关评价的选项，小组全体成员选择“认同”“基本认同”就是20分，有几个“不认同”就减几分。
	5.点评的及时性（15分）	文字点评在小组完成项目的当周内完成15分，逾期但不超过一周10分（从项目展示日起算），超过一周5分。如没有文字点评0分。
	6.分享佳作（15分）	分享且指出佳作中值得学习的环节10分，仅分享佳作5分，未分享0分。
	合计	
	终评	形成性评价终评取两个内容模块的平均值

参考文献

[1]崔琳.促进学习的中学英语教师课堂评价行为研究[M].西安：陕西师范大学出版总社，2019.

[2]李清山.以评估促发展　全力推进综合大学建设[M].济南：山东大学出版社，2006.

[3]严明.评价驱动的大学英语课程教学管理理论与实践[M].哈尔滨：黑龙江大学出版社，2012.

[4]周季鸣.英语课堂的促学评价　大学师生的认识和实践[M].上海：复旦大学出版社，2021.

[5]鲍明捷，姚洁.网络环境下大学英语教与学评价的现状分析[J].武汉商业服务学院学报，2009，23（3）：81–83.

[6]车树国.促学评价在体育专业术科中的应用研究[J].当代体育科技，2023，13（3）：87–90.

[7]陈丽敏.普通高校本科生学业“增负”策略研究[D].南昌：南昌大学，2021.

[8]崔巍，王英莉.新冠肺炎疫情期间大学英语线上教学实践[J].黑龙江教育（理论与实践），2021（3）：91–92.

[9]段旭婷.形成性评价之简介[J].教育界，2020（7）：84–85.

[10]樊文静.“师生合作评价”模式在大学英语写作教学中的应用研究[J].海外英语，2020（15）：105–106.

[11]范璐.互联网时代英语课堂评价方法研究——评《英语课堂的促学评价：大学师生的认识和实践》[J].中国科技论文，2023，18（7）：826.

[12]付期棉，赵中宝.语言测试开发与研究的典范——《实用语言测试》述评[J].中国成人教育，2014（5）：155–156.

[13]傅春晖.以评促学，培养学生自主学习能力[J].湖南医科大学学报（社会科学版），2006，8（1）：161–162.

[14]甘丽莎，陆永刚.促学评价理论下民族地区高校英语语法课程教学改革研究[J].现代英语，2023（1）：26–29.

[15]高满满，Paul Black，Chris Harrison，Clare Lee，Bethan Marshall，Dylan Wiliam.《促学评价的实践研究》述评[J].外语测试与教学，2015（1）：54–58.

[16]高满满，黄静，张文霞.以评促学："促学评价"理论及其在中国外语教育中的实践[J].山东外语教学，2018，39（3）：33–41.

[17]高满满，任伟.香港英文科测评改革变迁及对内地的启示——基于多元系统理论的探讨[J].外语教学理论与实践，2018（2）：71–77+98.

[18]高满满.选拔性考试中的口语促学评价对于学生焦虑的影响研究——香港中学英文考试改革案例分析[J].中国外语教育，2016，9（1）：72–81+93–94.

[19]顾卫星.中华文化英语传播能力培养研究：内涵、路径、实践——以"中国特色文化英语教学"为例[J].山东外语教学，2019，40（4）：47–56.

[20]郭娟娟.大学英语专业《综合英语》教学同伴互测互评促学机制探索[J].校园英语，2021（50）：46–47.

[21]何娜，姜爱贞.新时代教育评价观下基于U校园的大学英语多元促学评测模式建构、应用及后效研究[J].六盘水师范学院学报，2021，33（6）：98–108.

[22]蒋燕，贺显斌.《卓越的课堂促学评价》述评[J].外语测试与教学，2017（2）：62–64.

[23]蒋燕.促学评价理论与实践：《大学学习评价优秀案例》述评[J].课程教育研究，2020（1）：25+27.

[24]金莉华.促学评价体系下高中英语写作教师反馈的现状调查研究[D].宜昌：三峡大学，2022.

[25]金艳.体验式大学英语教学的多元评价[J].中国外语，2010，7（1）：68-76+111.

[26]赖淑琦.中美大学生同伴评估的反馈特征差异及有效性研究[D].广州：广东外语外贸大学，2017.

[27]李久亮.基于《量表》的大学英语写作促学评价及任务价值感对自我调节式学习的影响[J].中国考试，2022（12）：19-26.

[28]李名亚.基于中国特色“产出导向法”的英语教学改革实践探索[J].文化创新比较研究，2021，5（25）：45-48.

[29]李秀娟.POA理论视域下大学英语口语课堂混合式教学模式研究[J].大学教育，2022（2）：143-145.

[30]李秀娟.基于动态评价理论的二语写作多元反馈模式构建研究[J].现代英语，2023（19）：76-79.

[31]李秀娟.“新工科”背景下大学英语课程思政教学模式研究[J].现代英语，2020（9）：19-21.

[32]李咏欣.基于多元反馈模式的高中英语写作教学应用研究[J].教育信息技术，2020（3）：58-61.

[33]刘鸿颖，刘芹.理工科大学生学术英语口语课堂动态评估研究[J].外语测试与教学，2020（1）：53-60.

[34]刘亭亭.高职英语写作教学的促学评价研究[J].天津职业大学学报，2023，32（2）：57-63.

[35]龙洁瑜.基于超星学习通的促学评价在旅游专业教学实践中的应用——以“茶艺服务”课程为例[J].新课程，2023（9）：159-161.

[36]吕剑涛，朱苑苑，杨满珍.基于网络技术的综英课程促学评价：效果、问题与解决方法[J].中国新通信，2018，20（16）：165-166.

[37]马红敬，杨晶.基于LOA的大学英语混合式教学模式探究[J].英语广场，2023（28）：60-64.

[38]马萍.促学评价体系下单元学习目标的建立模式探究——以高校英语专业综合英语课程为例[J].重庆第二师范学院学报，2019，32（4）：111-

116.

[39]彭卓.互动分析视角下基于网络学习平台的大学英语课堂互动评价——以I平台为例[J].外语教育研究前沿，2021，4（4）：57–63+94.

[40]秦英.促学评价下高校外语教师课堂测评素养构念研究[J].佳木斯大学社会科学学报，2023，41（4）：192–195.

[41]任贝贝，汪凤.LOA生态系统视域下大学英语阅读课堂的设计与实施[J].林区教学，2023（11）：88–91.

[42]任红锋.大学英语教学精准评价、以评促学[J].中国冶金教育，2021（5）：19–22.

[43]佘雨新.共建评价标准实施促学评价——以小组Presentation为例的实证研究[J].科学大众（科学教育），2018（12）：159.

[44]时春燕.从大学英语学业表现看高考英语效度的个案研究——对测评和教学的启示[J].外语测试与教学，2018（2）：27–34.

[45]宋博.思辨英语口语促学测评体系的构建及实施[J].现代英语，2022（23）：94–97.

[46]宋鑫.促学评价在混合式英语教学模式中的应用[J].教育信息化论坛，2022（7）：6–8.

[47]孙洁琼."以赛促学"教学激励机制实践探索[J].英语广场，2021（8）：118–120.

[48]唐雄英.中国大学英语教育中的一项促学形成性评价研究[D].上海：上海外国语大学，2006.

[49]王甲能.大学英语自主学习型档案袋的开发与应用[J].海外英语，2015（18）：84–86.

[50]王同顺，朱晓彤，许莹莹.促学性评价对中国大学英语学习者学习动机及写作能力的影响研究[J].外语研究，2018，35（3）：46–53+112.

[51]王颖，李亚西."师生合作评价"在大学英语写作教学中的实践及反思[J].现代英语，2020（21）：1–4.

[52]吴雪峰.基于CSE的大学英语写作促学评价实施路径[J].外语界，2022（4）：31–39.

[53]吴宗酉.促学评价视阈下的形成性和终结性评价关系探析[J].黑龙江

工业学院学报（综合版），2019，19（8）：1-6.

[54]吴宗酉.促学评价视阈下的英语评价模式评价研究[J].湖北经济学院学报（人文社会科学版），2019，16（3）：158-160.

[55]孝云杰.促学评价视域下自我评价在高中英语写作教学中的应用研究[D].大连：辽宁师范大学，2023.

[56]许平.涉海专业“英语实践教学”课程促学评价模式设计与实践[J].航海教育研究，2021，38（1）：62-68.

[57]喻萍.形成性评估应用于大学英语听力课程的实证研究[J].中国成人教育，2013（6）：169-171.

[58]詹克磊.基于以评促学视域探析大学英语在线教学评价指标体系的构建[J].大学，2020（51）：52-53.

[59]张洁，赵珂.在线英语口语任务中的学习者体验研究[J].外语与外语教学，2021（5）：68-77+149.

[60]张敬辉.基于蓝墨云班课的促学评价理论在教学实践中的应用——以《Illustrator平面设计与制作》课程为例[J].教育信息技术，2021（Z2）：143-146.

[61]张梦.促学评价模式在大学英语混合式教学中的应用[J].教师博览，2022（36）：21-22.

[62]张梦.促学评价视域下高校外语教师评价素养及发展策略[D].武汉：湖北工业大学，2020.

[63]张薇.学习性评价理论视角下的大学英语写作多元反馈研究[J].亚太教育，2015（7）：100-101+72.

[64]张彦梅.将形成性评价应用于大学英语教学——以评促学[J].牡丹江教育学院学报，2011（2）：147-148.

[65]周季鸣，束定芳.同伴互评中的教师实践与学生认识互动研究[J].外语界，2019（5）：64-71.